# Inhaltsverzeichnis

**Vorwort** **2**

**Vorbemerkungen und Arbeitshinweise** **3**

**Bildungsbereiche:**

- Sprachliche Bildung 6
- Musikalische Bildung 11
- Ästhetische Erziehung 15
- Umwelt-, Sach- und Naturbegegnung 20
- Gesundheit und Ernährung 26
- Mathematische Bildung 31
- Feste und Feiern 34
- Wahrnehmung und Entspannung 37
- Körpererfahrung und Bewegung 43
- Sozialerfahrungen 46

# Vorwort

Liebe Kolleg*innen,

sind Kinder nicht immer fasziniert von Schmetterlingen, wenn sie mit ihren kleinen Körpern und den farbenfrohen Flügeln in der Frühlingssonne über Blüten und Sträucher tänzeln?
Wie oft möchte man da einfach zu Stift und Papier greifen, basteln und malen, eine Geschichte zu den niedlichen Tierchen erfinden oder einfach nur ein Lied dazu anstimmen?
Schmetterlinge besitzen mit ihren bunten Farben, ihren eleganten Bewegungen, ihrer Leichtigkeit und ihrer Empfindsamkeit einen hohen Aufforderungscharakter für unsere Kinder, wecken ihre Neugier, regen Fantasie und Kreativität an.

In dieser Projektmappe erhalten die Kinder auf kindgerechte, motivierende und spielerische Weise einen umfangreichen Einblick in die Welt der Schmetterlinge.
Es wird ihnen Sachwissen über die Tier- und Pflanzenwelt vermittelt, welches die Wahrnehmung der Kinder schult und ihr Einfühlungsvermögen vertieft. Die Kinder lernen, den Lebensraum der Schmetterlinge mit Achtsamkeit zu betrachten und dabei Verantwortung für die Umwelt zu übernehmen.
Durch das neu erlernte Sachwissen und visuelle Angebote können die Kinder lebhaft interagieren, was wiederum den Ausbau des Wortschatzes sowie die Sprachanwendung fördert. Die Kinder gewinnen so an Sicherheit und vertiefen ihre Kommunikationskompetenz.

Nicht zuletzt werden durch die vielfältige Auseinandersetzung mit dem Thema „Schmetterlinge" alle Bildungs- und Wahrnehmungsbereiche der Kinder angesprochen. Dabei werden zu jedem der zehn Bildungsbereiche mehrere Aktivitäten zum Thema angeboten, sodass Sie, liebe Kolleg*innen, das geeignete Material für Ihre Kindergruppe wählen können.
Die vorgestellten Aktivitäten sind dazu auch häufig mit wenig Material und geringem Zeitaufwand leicht umzusetzen.

Jede Aktion enthält eine Altersangabe, eine kurze Arbeitserläuterung, eine Materialliste, einen Spiel- oder Bastelvorgang sowie Tipps und evtl. eine Kopiervorlage.
Auf den nächsten Seiten finden Sie weitere Hinweise und Symbolerläuterungen zu jedem Bildungsbereich und den zugeordneten Aktivitäten.

Ich wünsche mir, dass diese Projektmappe für Sie ein praktischer und inspirierender Begleiter für die Frühlingszeit im Kindergarten wird.

Viel Spaß beim Stöbern und Umsetzen!

Nicole Weigand



**Hinweis:**
Aus Gründen der besseren Lesbarkeit wird im Folgenden auf eine sprachliche Differenzierung der Geschlechterbezeichnungen verzichtet. Da die Erzieher*innen in Kindertagesstätten zumeist weiblich sind, haben wir uns hier für die weibliche Form entschieden. Selbstverständlich sind stets alle Geschlechter angesprochen.

# Vorbemerkungen und Arbeitshinweise

## Zu den verwendeten Symbolen

**Bildungsbereiche (jeweils das äußerste Symbol oben rechts auf den Arbeitsblättern):**

 Sprachliche Bildung

 Musikalische Bildung

 Ästhetische Erziehung

 Umwelt-, Sach- und Naturbegegnung

 Gesundheit und Ernährung

 Mathematische Bildung

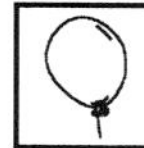 Feste und Feiern

 Wahrnehmung und Entspannung

 Körpererfahrung und Bewegung

 Sozialerfahrungen

**Sonstige Symbole:**

 geeignet für die Begabtenförderung

 für unter 3-Jährige geeignet

**Layout:**

- Die Seiten mit dem **Schmetterling** im Layout unten rechts sind für die Erzieherin gedacht.
- Die Seiten mit der **Raupe** unten rechts sind Arbeitsblätter, die direkt mit den Kindern bearbeitet werden können.

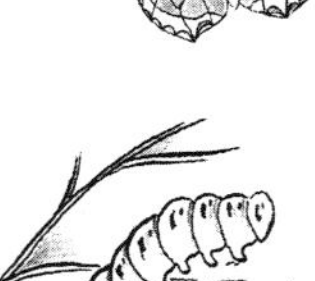

## Allgemeine Hinweise zur Organisation und Durchführung

**Erstellen einer Themenwand oder Themenecke:**
Wählen Sie mit den Kindern eine Ecke oder einen Spielbereich für die Themengestaltung aus. Dieser Bereich sollte Platz zum Spielen bieten und entsprechend gestaltet werden. Es sollten auf jeden Fall Anschauungsmaterialien wie Bücher, Spiele, Bilder, Plastiktiere und Kuscheltiere zum Thema „Schmetterlinge" bereitgestellt werden. Wichtig ist, dass die Ecke für alle Kinder frei zugänglich ist und der Bereich ausreichend Platz für Rollenspiele bietet. Natürlich sollte alles, was die Kinder in der Projektphase zu dem Thema herstellen oder basteln, dort platziert werden, damit sie stets darauf zugreifen und die Sachen in ihr Spiel einbeziehen können. Es wäre schön, wenn die Eltern ebenfalls Zugang haben, um an dem Thema mitwirken und es auch zu Hause aufgreifen zu können.
Je intensiver und abwechslungsreicher das Projekt gestaltet wird, desto größer werden der Lerneffekt und der Spaßfaktor bei den Kindern ausfallen. Einen schönen Einstieg in das Thema „Schmetterlinge" bietet das Bilderbuch „Die kleine Raupe Nimmersatt" von Eric Carle. Lesen Sie es den Kindern vor, um ihnen die grundlegenden Schritte der Metamorphose der Raupe zum Schmetterling verständlich zu machen. Fragen Sie die Kinder, was Raupen und Schmetterlinge gern fressen, welche Wochentage sie kennen und welche Schmetterlingsarten sie kennen bzw. schon einmal gesehen haben.

**Erstellen eines Portfolios:**
Stellen Sie mit den Kindern Portfolios in Ordnern oder Schnellheftern her. Darin können alle Bilder, Bastelarbeiten, Fotos usw. eingeklebt und abgeheftet werden. Ein schönes Deckblatt vollendet die individuelle Dokumentation, die jedes Kind nach Abschluss des Projekts mit nach Hause nehmen kann.

**Wald- und Wiesenspaziergang:**
Nehmen Sie das Thema zum Anlass, einen gemeinsamen Wald- und Wiesenspaziergang zu unternehmen.

## Vorbemerkungen und Arbeitshinweise

Um erfolgreich Schmetterlinge, Raupen und evtl. Schmetterlingseier mit der Kindergruppe zu beobachten, sollte der Spaziergang für den April oder Mai geplant werden. In diesem Zeitraum legen die Weibchen ihre Eier. Achten Sie darauf, ein Gebiet auszuwählen, wo viele Brennnesselpflanzen wachsen, da auf ihren Blättern die Eier gern abgelegt werden. Als Abschluss bietet sich ein Picknick an.

## Tipps und Anregungen zu den einzelnen Angeboten

**Allgemeine Organisation:**
Das Projekt ist so angelegt, dass die Aktionen entweder zusammenhängend oder einzeln durchgeführt werden können. Ihnen wird auffallen, dass sich einige Aktionen ähneln. Dies ist bewusst so entschieden worden, um das Vorgehen zu festigen. Das Gelernte muss ständig wiederholt werden, um die Kinder mit dem umfangreichen Wissen nicht zu überfordern.

**Zum Umgang mit den Arbeitsblättern:**
Diese Projektmappe enthält auch einige Arbeitsblätter, deren Aufgabenstellung Sie mit den Kindern in Kleingruppen besprechen (bzw. vorlesen) müssen. Für die Aufbewahrung der Arbeitsblätter empfehle ich, je nach Gruppensituation und organisatorischen Bedingungen, verschiedene Möglichkeiten:

- Ablagefächer (alternativ unifarben gestaltete Deckel eines Kopierpapierkartons): Die Kinder haben so freien Zugang zu den Arbeitsblättern und können ihre Aufgaben selbst auswählen.
- Jedes Kind verfügt über einen Schnellhefter, in den die Erzieherin regelmäßig, je nach Alter und Entwicklungsstand, ausgewählte Arbeitsblätter (z. B. zwei Arbeitsblätter pro Woche) einheftet oder gemeinsam mit den Kindern aussucht. Die Kinder wählen den Zeitpunkt der Bearbeitung entweder frei oder es gibt festgelegte Zeiten, innerhalb derer ein Kind sein Arbeitsblatt bearbeiten kann.
- Die fertiggestellten Arbeitsblätter werden im Schnellhefter oder in einer Sammelmappe/einem Sammelordner abgeheftet bzw. gehören als Anlage zur Bildungsdokumentation oder zum Portfolio.
- Es empfiehlt sich außerdem, einen Schuhkarton für andere angefertigte Objekte anzulegen.

**Themenvertiefung im Freispiel:**
Da das Freispiel nach wie vor eine zentrale Rolle im Kindergartenalltag spielt, sollte das Thema „Schmetterlinge" auch hier einen Platz finden. Oftmals setzen die Kinder zuvor Gelerntes im Freispiel um oder produzieren ihre eigenen Spiele. Es ist wichtig, dass alle erarbeiteten Dinge oder gestellten Materialien für die Kinder zugänglich sind und im freien Spiel genutzt werden können. Am ehesten lassen sich die Kinder auf ein Spiel ein, wenn das Material dafür vorhanden ist und ein Raum für das Explorieren geschaffen wird. Man muss sich dabei immer vor Augen halten, dass die Kinder in von ihnen selbst gewählten Handlungen am meisten lernen, denn dann sind sie interessierter und lernbereiter.

**Zu „Die Mohnblume", S. 7:**
Damit die Kinder die Fehler in dieser Quatschgeschichte erkennen können, ist es erforderlich, dass sie in ihrer Umgebung bereits häufiger Zitronenfalter gesehen haben bzw. wissen, dass seine Flügel gelb sind.

**Allgemeine Informationen zu den Bastelarbeiten im Bereich „Ästhetische Erziehung", ab S. 15:**
Fotografieren Sie die Materialzusammenstellung und jeden einzelnen Arbeitsschritt. Kleben Sie die ausgedruckten Fotos mit der dazugehörigen schriftlichen Arbeitsanweisung auf DIN-A5-Karten, nummerieren Sie die Karten in der richtigen Reihenfolge und laminieren Sie diese. So erhalten Sie bebilderte Karten, die Ihre Kinder zum selbstständigen Arbeiten motivieren. Die Kinder niemals mit dem Cuttermesser allein arbeiten lassen! Nach Möglichkeit sollten Erwachsene diese Schneidearbeiten erledigen.

**Zu „Wir pflanzen einen Himbeerstrauch", S. 20:**
Der Himbeerstrauch ist eine ungiftige und relativ anspruchslose Pflanze. Sie dient den Raupen als Fresspflanze und zieht in der Blütezeit Schmetterlinge und Bienen an. Der Himbeerstrauch kann etwa 1 – 2 Meter hoch werden und hat an den Ruten feine Stacheln. Ein windgeschützter, halbschattiger bis sonniger Platz ist der ideale Standort für diesen Strauch. Der Boden sollte humusreich und locker sein. Es gibt Sträucher, die

## Vorbemerkungen und Arbeitshinweise

entweder im Herbst oder im Sommer Früchte tragen. Zu den sommertragenden Pflanzen gehören z. B. die Sorten „Glen Ample“, „Elida“ und „Meeker“. Die Früchte der Sommerhimbeere, die in den Monaten August bis Oktober gepflanzt wird, reifen von Juni bis Juli. Weitere Informationen finden Sie unter: *www.nabu.de*.

**Zu „Körperbau Raupe und Schmetterling“, S. 20:**
Weisen Sie Ihre Kinder unbedingt darauf hin, dass sie Schmetterlinge niemals berühren oder einfangen dürfen. Dadurch könnte die empfindliche Oberfläche ihrer Flügel beschädigt werden und die Schmetterlinge können nicht mehr fliegen.

**Zu den Rezepten im Bereich „Gesundheit und Ernährung“, ab S. 26:**
Zu den Rezepten finden Sie auf der S. 30 Bilder mit allen bei diesen Rezepten verwendeten Zutaten und Haushaltsgeräten, mit deren Hilfe Sie die Rezepte bei Bedarf als großes Plakat gestalten können. Vergrößern Sie dazu die benötigten Zeichnungen auf dem Kopierer. Mit den vorhandenen Bildern können Sie auch Bildrezepte auf einem DIN-A4-Blatt erstellen, für jedes Kind kopieren und in einem Schnellhefter sammeln. So erhalten die Kinder eine eigene Bild-Rezepte-Mappe.
**Achtung:** Bitte achten Sie bei allen Rezepten auf eventuelle Lebensmittelunverträglichkeiten der Kinder.

**Zu „Ausmalbild: Zitronenfalter“, „Ausmalbild: Tagpfauenauge“, S. 40 / 41:**
Malen Sie die Symbole in der entsprechenden Farbe aus, um den Kindern die Zuordnung zu erleichtern.

## Informationen zum Schmetterling

Es gibt ungefähr 150 000 verschiedene Schmetterlingsarten auf der Welt. Davon leben etwa 3 700 Arten in Deutschland. Viele dieser Arten sind vom Aussterben bedroht. Schmetterlinge gehören zu den Insekten und ihr Körper besteht aus drei Teilen: Kopf, Brust und Hinterleib. Sie haben sechs Beine, zwei Fühler, große Augen, einen aufrollbaren Rüssel und Flügel. Mit dem Rüssel saugen sie ihre Nahrung – den Nektar – aus Blüten. Ihre Flügel sind mit Schuppen bedeckt, die abfallen, wenn die Flügel berührt werden. Die sechs Beine befinden sich am Brustteil und besitzen kleine Krallen, um sich an Blumen, Pflanzen und Blättern festzuhalten. Es gibt Tag- und Nachtfalter, die jeweils nach ihrer aktiven Flugzeit eingeteilt werden. Das Schmetterlingsweibchen hat in ihrem Körper ca. 100 Eier, die es nach der Befruchtung auf Blättern ablegt.
Während seines kurzen Lebens verändert sich der Schmetterling dreimal:

- Zunächst gibt es das **Ei,** aus dem nach ca. zwei Wochen eine Raupe schlüpft.
- Die **Raupe** ist ein gefräßiges Insekt. Sie frisst ihre eigene Eierschale und das Blatt, auf dem sie schlüpft. Durch das viele Fressen wird sie dick und ihre Haut platzt auf. Die Raupe häutet sich mehrmals und nach ungefähr einem Monat entwickelt sie sich zur Puppe. Dafür spinnt sie mit ihren Spinndrüsen ein Gespinst aus Seide. Diese Drüsen befinden sich auf der Unterlippe der Raupe.
- Die **Puppe** bezeichnet man auch als Kokon. Sie hängt sich mit dem Kopf nach unten an ein Blatt oder einen Ast. In der Puppe entwickelt sich nun in etwa zwei bis vier Wochen der Schmetterling. Der Kokon platzt auf und der Schmetterling schlüpft.

Der Schmetterling beginnt damit, Luft in den Körper zu pumpen, um die Puppenhülle aufplatzen zu lassen. Seine Flügel sind zu Beginn schlaff und müssen erst mit Blut versorgt werden. Wenn die ausgebreiteten Flügel getrocknet sind, ist der Schmetterling flugbereit. Dieser Vorgang dauert ca. zwei Stunden. Seine Lebensdauer ist sehr unterschiedlich, sie variiert von nur einem Tag bis hin zu zehn Monaten (z. B. beim Zitronenfalter). Schmetterlinge sterben meistens nach der Eiablage. Zu ihren Feinden zählen vor allem der Mensch, der ihren Lebensraum zerstört, aber auch Vögel, Spinnen, Mäuse und Fledermäuse.

**Weiterführende Literatur zum Thema:**


- Carle, Eric: „Die kleine Raupe Nimmersatt“, Gerstenberg Verlag, Hildesheim 15. Auflage 2009.
- Cowan, Lara: „Mein erstes Pop-up-Buch: Schmetterlinge“. Usborne 2022.
- DK Verlag Dorling Kindersley (Hrsg.): „Wie wird die Raupe zum Schmetterling?“. 2019.
- Griffith, Axel G.: „Oskar, der Insektenforscher“. kizz in Herder, 1. Auflage 2019.
- Kastenhuber, Hannah: „Mein kleines Tier-Lexikon: Der Schmetterling“. klein & groß Verlag 2020.

## Wer bin ich? – Einführung in das Thema (ab 3 Jahren)

**Material:** –

**Arbeitsanleitung:**
Die Kinder setzen sich in einen Kreis. Die Erzieherin erzählt den Kindern, dass sie ihnen eine kleine Rategeschichte vortragen wird und sie aufmerksam zuhören müssen.

Heute, liebe Kinder, müsst ihr ein Tier erraten!
Zu Beginn ist es ganz lang und dünn,
am Körper hat es keine Arme, aber ganz viele Beine.
Es hat immer großen Hunger,
so frisst und frisst es den ganzen Tag.
Wenn es dann einen dicken Bauch hat,
hört es auf zu fressen und ruht sich aus.
Langsam verwandelt sich nun unser dicker Kerl
in ein wunderschönes Tier,
schlägt seine farbenfrohen Flügel auf und fliegt
in die große Welt hinaus.
Nun wisst ihr sicherlich, welches Tier ich meine!

## Schmetterling Knut (ab 2 Jahren)

**Material:** –

**Arbeitsanleitung:**
Die Kinder setzen sich in einen Stuhlkreis.
Die Erzieherin trägt den Reim vor und klatscht dabei den Takt auf ihren Knien vor. Die Kinder machen nach einem ersten Durchgang mit.

Unserem Schmetterling Knut,
dem geht es heute gut.
Ist geflogen eine lange Strecke,
bis hinter eine große Hecke.
Dort hat er viele Blumen entdeckt
und sein Näschen hineingesteckt.
Der Nektar schmeckte ihm sehr gut,
so flog er zurück mit frohem Mut.
Wieder zu Hause angekommen,
hat er sofort zu erzählen begonnen.

BVK • Nicole Weigand: Kita aktiv „Projektmappe Schmetterlinge“

# Die Mohnblume (ab 3 Jahren)

**Material: –**

**Arbeitsanleitung:**
Der Spielleiter liest der Kindergruppe die Quatschgeschichte vor. Die Kinder hören aufmerksam zu und dürfen die richtigen Wörter laut in den Raum rufen, sobald sie die eingebauten Fehler heraushören.

**Quatschgeschichte:**
Vor langer Zeit gab es einmal einen Schmetterling, um genau zu sein, einen Orangenfalter **(Zitronenfalter)**. Er leuchtete in einem wunderschönen Orange **(Gelb).**

Seine Lieblingsblume war die Mohnblume und wie ihr sicherlich alle wisst, hat sie die wunderschöne Farbe Blau **(Rot).**
Unser Orangenfalter **(Zitronenfalter)** spazierte **(flog)** also den lieben langen Tag über saftig gelbe **(grüne)** Wiesen und hielt Ausschau nach seiner Lieblingsblume: der blauen **(roten)** Mohnblume.
Als er dann endlich eine lila **(rote)** Mohnblume entdeckte, flog er ganz langsam **(schnell)** zu ihr hin und trank ihren salzigen **(süßen)** Nektar.

Danach ruhte er sich auf einem lila **(grauen)** Stein in der kalten **(warmen)** Sonne aus, bis er wieder ein wenig Hunger verspürte.
Er öffnete seine Hände **(Flügel)** und lief **(flog)** wieder los, um noch eine gelbe **(rote)** Mohnblume zu suchen.
Zu seiner Überraschung fand er gleich drei. Vor lauter Freude trank er ihren Nektar, bis er einen ganz dünnen **(dicken)** Bauch hatte.

Den restlichen Tag verbrachte unser Bananenfalter **(Zitronenfalter)** damit, mit seinen Schmetterlingsfreunden von Blume zu Blume zu schwimmen **(fliegen)**.

Als es später hell **(dunkel)** wurde und der Mond **(die Sonne)** bereits unterging, beschloss der Schmetterling, auf seiner Lieblingsblume zu übernachten.

Guten Tag **(Gute Nacht),** lieber Gurkenfalter **(Zitronenfalter)!**

## Knut, der kleine Schmetterling (ab 2 Jahren)

**Arbeitsanleitung:**
Die Erzieherin liest die Geschichte vor und führt gleichzeitig die angegebenen Handbewegungen aus. Sie animiert die Kinder, es ihr gleichzutun.

| Text | Bewegungen |
|---|---|
| Knut, unser kleiner Schmetterling, | *Daumen ineinander verhaken, Finger spreizen* |
| ist in seiner Familie der Winzling. | *Daumen und Zeigefinger deuten an, wie klein er ist.* |
| Fliegen kann er leider noch nicht sehr gut, aber das stört ihn nicht, den kleinen Knut. | *Schmetterlingsflügel (Hände) auf und ab bewegen und dann stillhalten, Bewegungen nochmals wiederholen* |
| Deshalb fällt er auch noch oft aufs Näschen, manchmal hüpft er wie ein Häschen. | *Schmetterling auf die Beine fallen lassen und dann wie ein Häschen mit den Händen auf und ab hüpfen* |
| Jeden Tag übt er viele Stunden und fliegt dabei so manche Runden. | *mit dem Zeigefinger einen Kreis in die Luft malen* |
| Nach links und rechts und rauf und runter, denn das macht den Knut ganz munter. | *mit dem Finger nach links, rechts, hinauf- und hinunterfahren* |
| Einen riesengroßen Bogen fliegt er nun, um sich auf einer Blume auszuruhen. | *Schmetterling auf den Knien ablegen* |

## Zungenbrecher (ab 3 Jahren)

Wenn schillernde Schmetterlinge schillern,
schillern schillernde Schmetterlinge.

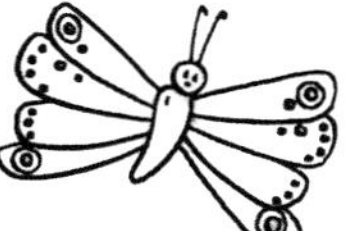

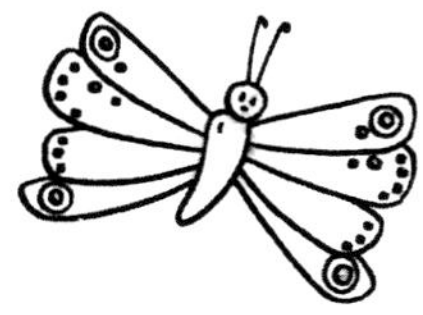

Farbige Falter flattern durch die Luft,
durch die Luft flattern farbige Falter.

## Die dicke Raupe (ab 4 Jahren)

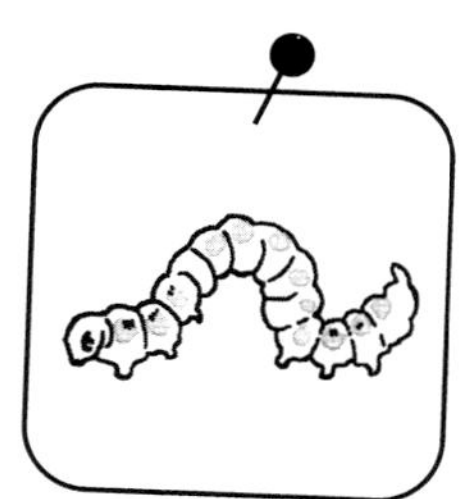

**Material:**
Filzstifte

**Arbeitsanleitung:**
Die Erzieherin und die Kinder malen sich zwei Filzstiftpunkte als Augen der Raupe auf die Fingerkuppe des rechten Zeigefingers. Alle Kinder sitzen zusammen im Stuhlkreis und imitieren die Handbewegungen der Erzieherin.

| Text | Bewegungen |
|---|---|
| Früh am Morgen, wenn die Sonne erwacht,<br>weiß die Raupe: Es ist nicht mehr Nacht. | *Jedes Kind hält die bemalte rechte Hand hinter dem Rücken versteckt. Die linke Hand wird mit gespreizten Fingern hochgehalten und stellt die Sonne dar. Langsam kommt die versteckte Hand mit erhobenem Zeigefinger zum Vorschein.* |
| Langsam kriecht die Raupe zu einem grünen Blatt,<br>das gibt es zum Frühstück, das macht sie satt. | *Der rechte Zeigefinger kriecht langsam Richtung Blatt, das von der linken flachen Hand dargestellt wird.* |
| Nun ruht sie sich in der Sonne aus<br>und freut sich schon auf den nächsten Schmaus. | *Die linke Hand zeigt die Sonne. Der rechte Zeigefinger wird auf einem Bein abgelegt.* |
| Sie kriecht ganz langsam auf einen Baum,<br>schaut einmal her, sie bewegt sich kaum. | *Der linke Arm stellt einen Baum dar. Der rechte Zeigefinger kriecht langsam am linken Arm hoch.* |
| Zu dem saftigen Apfel will sie hin,<br>das hatte sie die ganze Zeit im Sinn. | *Jetzt stellt die linke Hand den Apfel dar und der rechte Zeigefinger wackelt hin und her vor Freude.* |
| In den saftigen Apfel kriecht sie hinein,<br>denn das findet sie ganz fein. | *Mit der linken Hand wird mit Daumen und Zeigefinger ein Loch gezeigt, durch das der rechte Zeigefinger hineinkriecht.* |
| So frisst sie nun den ganzen Tag,<br>bis sie keinen Apfel mehr mag. | *Der rechte Zeigefinger kriecht immer tiefer in den Apfel.* |
| Langsam geht nun die Sonne unter,<br>und die Raupe ist nicht mehr munter. | *Mit der linken Hand wird zunächst der Sonnenuntergang angezeigt und erneut der Apfel mit dem Zeigefinger darin. Der rechte Zeigefinger kommt aus dem Apfel und lässt das Köpfchen hängen. Den rechten Zeigefinger krumm halten.* |
| Sie kommt aus dem Apfel in einem Rutsch<br>und ist dann plötzlich – futsch. | *Den rechten Zeigefinger schnell aus dem Apfel ziehen und hinter dem Rücken verschwinden lassen.* |

## Der, die, das (ab 3 Jahren)

**Material:**
Kopiervorlage (s. u.), evtl. zusätzliche farbige Fotos, Stifte, Schere, ggf. 1 Laminiergerät und -folie

**Vorbereitung:**
Die Bildkarten werden kopiert, angemalt und ausgeschnitten. Um die Karten haltbarer zu machen, können sie zusätzlich laminiert werden.

**Arbeitsanleitung:**
Die Erzieherin setzt sich mit den Kindern in einen Stuhlkreis und zeigt ihnen die Bilder. Diese werden nun von den Kindern benannt. Dabei kann Wert auf die richtigen Artikel gelegt werden. Die Erzieherin kann die Kinder außerdem dazu auffordern, eine Geschichte zu den einzelnen Bildern zu erzählen oder die Entwicklungsschritte von der Raupe zum Schmetterling nachzuvollziehen.

## Falter, Falter (ab 2 Jahren)

**Material:**
Scheren, buntes Tonpapier, durchsichtiges Klebeband

**Arbeitsanleitung:**
Es werden mehrere verschiedenfarbige Blumen aus Papier ausgeschnittenund mit durchsichtigem Klebeband auf den Boden innerhalb des Stuhlkreises geklebt.
Während die Gruppe im Stuhlkreis sitzt und das Lied „Falter, Falter" singt, kann ein Kind den Schmetterling darstellen und von Blume zu Blume „fliegen".

Text: Nicole Weigand
Melodie: traditionell nach:
„Ringlein, Ringlein, du musst wandern"

## Es fliegt ein Schmi-Schma-Schmetterling (ab 2 Jahren)

**Arbeitsanleitung:**
Die Kinder werden aufgefordert, sich an den Händen zu fassen und sich im Takt der Musik zu bewegen. Die Kinder wechseln dabei passend zum Text die Richtung.

Text: Nicole Weigand
Melodie: traditionell nach „Es tanzt ein Bi-Ba-Butzemann"

# Die Reise des Falters (ab 3 Jahren)

**Material:**
Stifte, Papier in DIN A4, Locher, Geschenkband

**Arbeitsanleitung:**
Zu diesem Lied können die Kinder zusammen ein eigenes Heft gestalten. Jedes Kind darf zu seiner Lieblingsstrophe ein Bild malen. Am Ende werden die Seiten aufeinandergelegt und gelocht. Mit einem hübschen Geschenkband, das durch die beiden Löcher gesteckt und mit einer Schleife fixiert wird, ist das kleine Heft zum Lied „Die Reise des Falters" komplett.

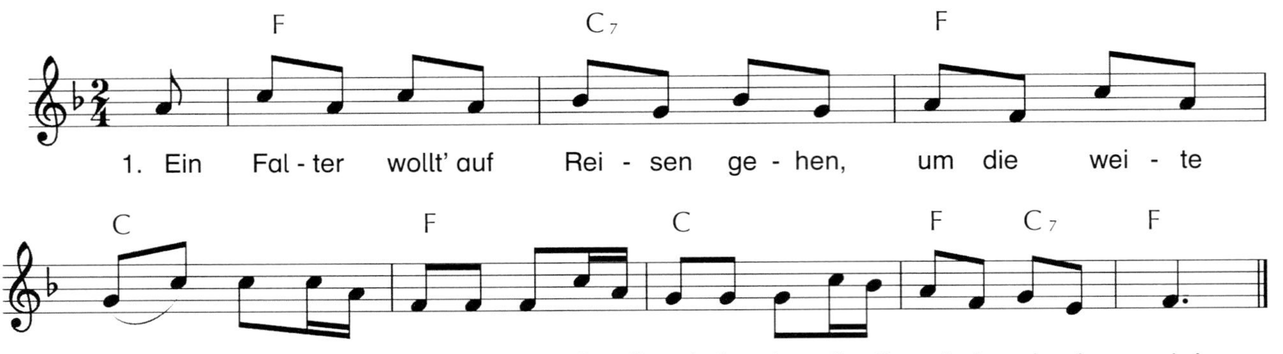


Text: Nicole Weigand
Melodie traditionell nach: „Die Vogelhochzeit"

2. Er packte nun sein Köfferlein,
das war natürlich ziemlich klein.
Fidirallala …

3. Amerika, das war sein Ziel,
er hoffte, dass es ihm gefiel.
Fidirallala …

4. Nun ging die Reise endlich los,
im Halse hatte er 'nen Kloß.
Fidirallala …

5. Er flog nun übers große Meer,
sah Fische, Schiffe und viel mehr.
Fidirallala …

6. Der Falter war nun endlich da,
wo er so tolle Dinge sah.
Fidirallala …

7. Sie rochen gut, die Blümlein dort,
den Hunger stillte er sofort.
Fidirallala …

8. Er fand dort alles wunderbar,
dass er ganz froh und munter war.
Fidirallala …

9. Nun ist diese Geschichte aus,
von unser'm kleinen Saus und Braus.
Fidirallala …

# Kleiner Falter, kleiner Falter (ab 2 Jahren)

**Arbeitsanleitung:**

1. Die Kindergruppe sitzt im Stuhlkreis. Ein Kind, das den Schmetterling darstellt, steht in der Mitte des Kreises.
2. Die Kinder singen die erste Strophe. Das Kind in der Kreismitte breitet seine Arme aus und fliegt wie ein Schmetterling im Stuhlkreis umher.
3. Nun folgt die zweite Strophe und das Kind bleibt vor einem anderen Kind stehen, um dann zu zweit im Stuhlkreis umherzufliegen.
4. In der dritten Strophe können nun ein drittes und dann ein viertes Kind in den Kreis geholt werden.
5. Die dritte Strophe wird jeweils wiederholt und der Text entsprechend der Anzahl der Schmetterlinge/Kinder verändert.
6. Das Spiel ist beendet, wenn alle Kinder in der Kreismitte als Schmetterlinge umherfliegen.

Text: Nicole Weigand
Melodie: traditionell nach: „Bruder Jakob“

2. Kleiner Falter, kleiner Falter,
nimm uns mit, nimm uns mit!
So bist du nicht alleine, so bist du nicht alleine:
Nimm uns mit, nimm uns mit!

3. Kleiner Falter, kleiner Falter,
zu zweit sind wir, zu zweit sind wir!
Nun tanzen wir im Kreise, nun tanzen wir im Kreise:
Zu zweit sind wir, zu zweit sind wir!

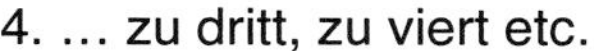

4. … zu dritt, zu viert etc.

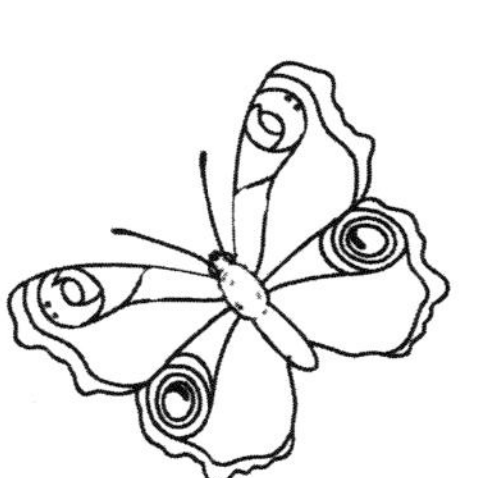

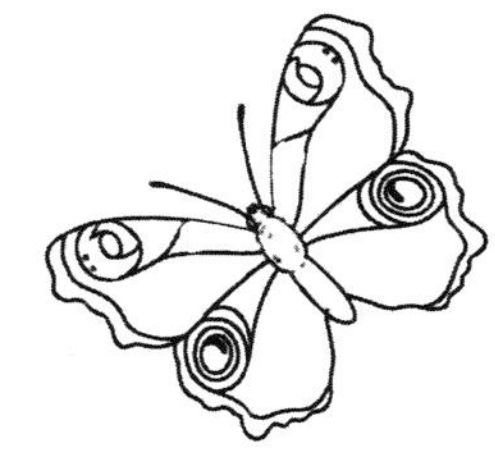

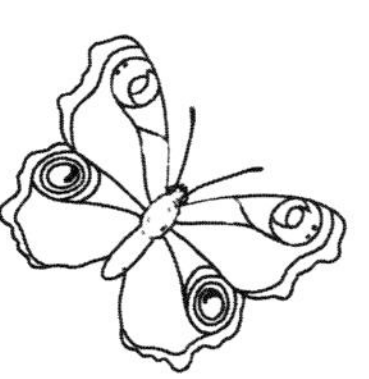

# Ausflug mit Hindernissen (ab 3 Jahren)

**Material:**
Flöte (für Wind), Klangstäbe (für Hagel), Regenstab (für Regen), Glockenspiel (für Regenbogen), Tamburin (für Wolke), Triangel (für Blitz), Schellenband (für Sonne), Trommel (für Donner)

**Arbeitsanleitung:**
Jedes Instrument wird einem Kind zugeordnet. Die Erzieherin liest die Geschichte vor und zeigt an der jeweiligen Stelle auf das Kind mit dem passenden Instrument. Das Kind spielt jetzt sein Instrument.
**Tipp:** Zu Beginn können die Kinder mit den Instrumenten experimentieren.

**Klanggeschichte:**
Unser kleiner Schmetterling Knut ist heute ganz aufgeregt. Denn endlich ist er da, der große Tag für den ersten Frühlingsausflug.
Doch leider brauen sich am Himmel dicke, graue Wolken **(Tamburin)** zusammen. Und da spürt Knut ein mulmiges Gefühl im Bauch, denn er hat fürchterliche Angst vor Gewitter **(alle Instrumente).**

Aber seine Eltern beruhigen ihn: „Knut, hörst du den Wind **(Flöte),** der vertreibt bald die dicken, grauen Wolken **(Tamburin)** und dann kommt bestimmt die Sonne **(Schellenband)** wieder zum Vorschein."
Sofort verliert unser kleiner Schmetterling seine Angst und die Familie bricht zum Ausflug auf. Und siehe da, seine Eltern hatten recht. Der Wind **(Flöte)** hat tatsächlich die dicken, grauen Wolken **(Tamburin)** verjagt und die Sonne **(Schellenband)** lacht wieder am blauen Himmel.
So fliegen sie vergnügt über die Dächer der kleinen Stadt hinaus aufs Land, vorbei an vielen Häusern, bis zum Bauernhof, denn dahinter beginnt die große Wiese. Dort wollen sie ein Picknick machen.
Kaum angekommen, beginnen die Schmetterlingskinder, Knut und seine Zwillingsschwestern Anni und Fanni, die Wiese zu erkunden.

Doch plötzlich hält Knut mitten im Flug inne, denn er erblickt am Himmel wieder die dicken, grauen Wolken **(Tamburin)** und hört auch noch einen lauten Donner **(Trommel).** Er ruft sofort nach Anni und Fanni und sie fliegen so schnell sie können zu ihren Eltern. Mit schrecklicher Angst stellt Knut fest, dass es schon anfängt zu regnen **(Regenstab)** und er fliegt noch schneller, bis er endlich bei seinen Eltern ankommt. Inzwischen hören sie einen weiteren Donner **(Trommel)** und sehen einen hellen Blitz **(Triangel)** am Himmel. Gemeinsam treten sie sofort den Heimflug an. Aber leider schaffen sie es nur bis zum Bauernhof, da beginnt es ganz heftig zu regnen **(Regenstab).** Ein Donner **(Trommel)** folgt dem nächsten **(Trommel)** und Blitze **(Triangel)** erhellen den dunklen Himmel.

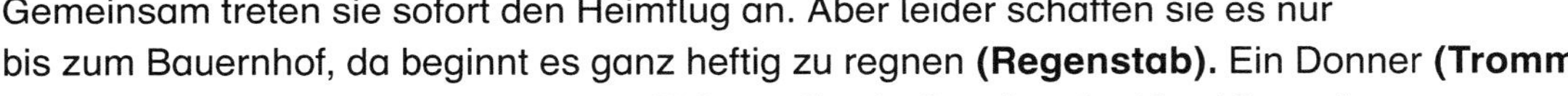

Die Schmetterlingsfamilie findet Unterschlupf in der Scheune. Kaum sind sie angekommen, bricht das Gewitter **(alle Instrumente)** los.
Es donnert **(Trommel),** blitzt **(Triangel),** regnet **(Regenstab)** und dann beginnt es auch noch zu hageln **(Klangstäbe).**
Knut hat so fürchterliche Angst, dass er sogar zu zittern anfängt. Sein Vater beruhigt ihn und sagt: „Knut, wir sind hier in Sicherheit. Wir bleiben so lange, bis das Gewitter **(alle Instrumente)** vorbei ist."
Da hört Knut seine Schwestern rufen: „Schaut mal, da kommt die Sonne **(Schellenband)** wieder zum Vorschein." Knut ist erleichtert und beobachtet fasziniert den Himmel, denn der Wind **(Flöte)** vertreibt nun wieder die dunklen Wolken **(Tamburin)** und tatsächlich erscheint schon die Sonne **(Schellenband).** Es regnet **(Regenstab)** und hagelt **(Klangstäbe)** jetzt nur noch leicht.
Zur Überraschung der kleinen Schmetterlinge erscheint ein wunderschöner Regenbogen **(Glockenspiel)** am Himmel. Die Schmetterlingskinder schauen ihn ganz begeistert an und Knut ist erleichtert, dass das schreckliche Gewitter **(alle Instrumente)** endlich vorbei ist. Überglücklich fliegen alle zurück zur Blumenwiese und beginnen mit ihrem geplanten Picknick. Während sie zufrieden Blumennektar trinken, bewundern sie zum letzten Mal den wunderschönen Regenbogen **(Glockenspiel)** am Himmel.

BVK • Nicole Weigand: Kita aktiv „Projektmappe Schmetterlinge"

## Klatschbild Schmetterling (ab 2 Jahren)

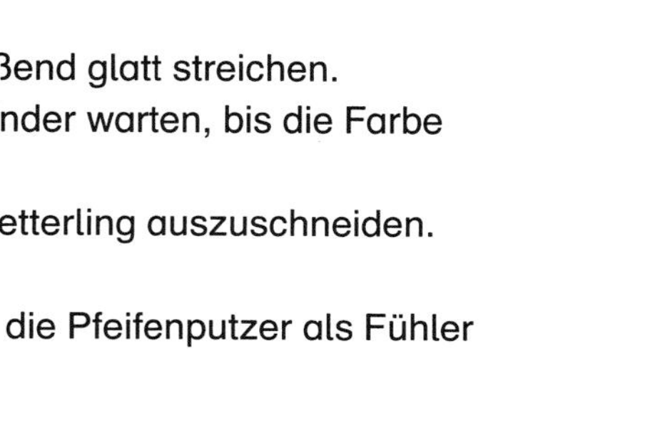

**Material:**
Tonpapier in DIN A4, Fingerfarben, Pinsel, Pfeifenputzer, Scheren, Klebefilm, 1 Tacker, Malkittel, Malunterlage, Wasserbecher

**Arbeitsanleitung:**
1. Das Tonpapier wird in der Mitte gefaltet und wieder aufgeklappt.
2. Auf eine der beiden Hälften können die Kinder nun entweder mit dem Pinsel oder mit den Händen Farbkleckse verteilen. Die Erzieherin sollte den Kindern erklären, dass sie vor dem Benutzen einer neuen Farbe den Pinsel auswaschen müssen.
3. Jetzt können die Kinder ihr Blatt wieder zusammenklappen und anschließend glatt streichen.
4. Nachdem sie ihr Blatt wieder auseinandergeklappt haben, müssen die Kinder warten, bis die Farbe vollständig getrocknet ist.
5. Die Erzieherin hilft den Kindern jetzt dabei, aus ihren Bildern einen Schmetterling auszuschneiden. Als Vorlage kann die Schablone auf Seite 17 verwendet werden.
6. Der letzte Schritt ist getan, wenn mit Hilfe eines Tackers oder Klebefilms, die Pfeifenputzer als Fühler am Schmetterling befestigt sind.

## Handabdruck Schmetterling (ab 2 Jahren)

**Material:**
weißes oder farbiges Papier, Fingerfarben, Pinsel, Wasserbecher, Malkittel, Malunterlage

**Arbeitsanleitung:**
1. In die Mitte des Blattes wird mit Fingerfarbe der Körper des Schmetterlings gemalt.
2. Die Kinder bemalen ihre Handinnenseiten mit Farbe und setzen sie links und rechts vom Schmetterlingskörper auf ihr Bild.

**Tipp:**
Alternativ können die Kinder auch mit einem Finger jeweils zwei Abdrücke oben und unten an jede Seite des Schmetterlings klecksen.

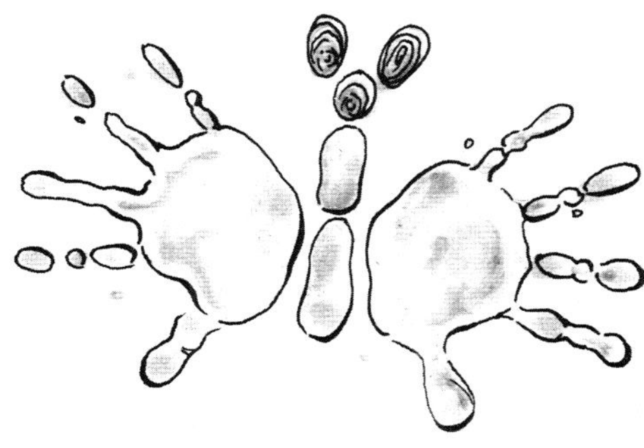

## Eine kleine Raupe (ab 2 Jahren)

**Material:**
Fingerfarben, weißes oder farbiges Papier, Stifte, Malkittel, Wasserbecher, Pinsel, Malunterlage

**Arbeitsanleitung:**
1. Die Kinder dürfen ihre Finger in die Fingerfarbe tunken und viele kleine Fingerabdrücke hintereinander auf ihr Blatt klecksen, sodass eine Raupe entsteht.
2. Die Erzieherin achtet darauf, dass der letzte Punkt etwas höher platziert wird, damit er als Kopf der Raupe erkennbar ist.
3. Zum Schluss können die Kinder mit Stiften Mund, Augen, Beine und Fühler der Raupen malen.

## Schmetterlinge als Kartoffeldruck (ab 2 Jahren)

**Material:**
Kartoffeln, Fingerfarben, Pinsel, Wasserbecher, Malkittel, Malunterlage, weißes Papier, 1 Messer

**Arbeitsanleitung:**
1. Von einer Kartoffel wird eine dicke Scheibe abgeschnitten und am Rand mit Fingerfarbe bepinselt. Auf ein weißes Blatt gedrückt, dient der so entstandene Strich als Schmetterlingskörper. Alternativ können die Kinder auch selbst einen breiten Strich als Körper malen.
2. Die Erzieherin halbiert eine Kartoffel. Die Kinder können nun eine Hälfte mit einer gewünschten Farbe bestreichen und diese rechts und links als obere Flügel an den Körper drücken.
3. Die andere Kartoffelhälfte wird mit einer anderen Farbe bestrichen und ebenfalls zweimal an den Körper, unter die anderen Flügel, gedrückt.

**Tipp:** Diese Technik ist auch gut für eine Gruppenarbeit auf einem großen Bogen Tonpapier geeignet!

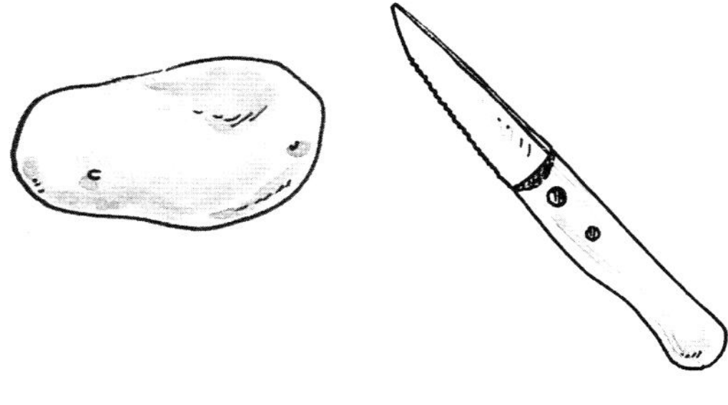

BVK • Nicole Weigand: Kita aktiv „Projektmappe Schmetterlinge"

# Fensterbild (ab 3 Jahren)

**Material:**
Kopiervorlage „Schmetterling“, farbiges Tonpapier, durchsichtige Blumenfolie, farbiges Transparentpapier, Scheren, Klebstoff, Bastelunterlage, Bastelkittel, Fotokarton

**Arbeitsanleitung:**

1. Mit Hilfe der Kopiervorlage wird die Schablone eines Schmetterlings erstellt und auf einen Fotokarton geklebt.
2. Anschließend werden die Umrisse von den Kindern auf Tonpapier übertragen.
3. Die ausgeschnittene Schablone wird auf einer Seite mit Klebstoff bestrichen und auf die Blumenfolie geklebt.
4. Nun muss die überlappende Folie noch abgeschnitten werden.
5. Die Kinder dürfen das bunte Transparentpapier schließlich in kleine Stücke reißen und bunt gemischt auf die Blumenfolie kleben.

Fertig sind die Schmetterlinge, die jetzt die Fenster des Kindergartens verschönern.

**Kopiervorlage Schmetterling**

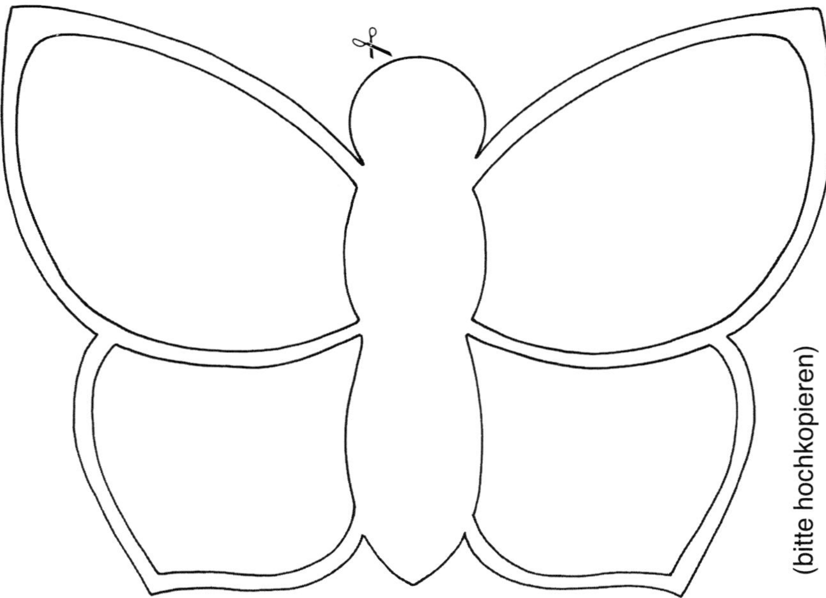

# Fliegender Schmetterling (ab 3 Jahren)

**Material:**
Zeitungspapier, fertig angerührter Kleister, Pinsel, Fingerfarben, Draht oder Pfeifenputzer, farbige Nylonstrümpfe, Pailletten / Konfetti etc., Klebefilm, Bastelunterlage, Bastelkittel, Heißklebepistole, Fäden zum Befestigen

**Arbeitsanleitung:**

1. Der Körper des Schmetterlings lässt sich ganz einfach aus Zeitungspapier herstellen, indem eine Doppelseite zu einer kleinen Rolle zusammengerollt und nach innen gefaltet werden.
2. Anschließend können die Kinder den Körper mit Kleister bestreichen, damit er stabil bleibt. Nun heißt es abwarten, bis alles getrocknet ist, damit der Körper anschließend mit bunten Farben bemalt werden kann.
3. Aus Draht oder Pfeifenputzern werden schließlich die Schmetterlingsflügel geformt.
4. Mit bunten Nylonstrümpfen, die innen mit Pailletten und / oder Konfetti gefüllt sein können, werden die Drahtflügel nun überzogen und an der Öffnung zugeknotet.
5. Jetzt müssen die Flügel noch am Körper befestigt werden. Dazu eignet sich zum Beispiel Klebefilm oder eine Heißklebepistole.
6. Um die Schmetterlinge auch angemessen zu präsentieren, bietet es sich z. B. an, sie an der Decke aufzuhängen.

## Schmetterling aus Filtertüten (ab 3 Jahren)

**Material:**
weiße Kaffee-Filtertüten oder Batikpapier, farbiger Tonkarton, Wasserfarben, Wasserbecher, Pinsel, Kleber, Bastelkittel, Bastelunterlage, Scheren

**Arbeitsanleitung:**
1. Die Filtertüten werden zu zwei Flügeln zurechtgeschnitten.
2. Der Körper des Schmetterlings wird anschließend aus dem Tonkarton ausgeschnitten.
3. Jetzt tauchen die Kinder ihre Pinsel in den Wasserbecher und den Wasserfarbkasten und beginnen, Tupfen auf die Flügel zu setzen. Damit die farbigen Punkte auf dem Filterpapier schön verlaufen, sollte die Erzieherin darauf achten, dass die Kinder möglichst viel Wasser verwenden.
4. Nachdem alles getrocknet ist, können die Flügel an den Schmetterlingskörper geklebt werden.

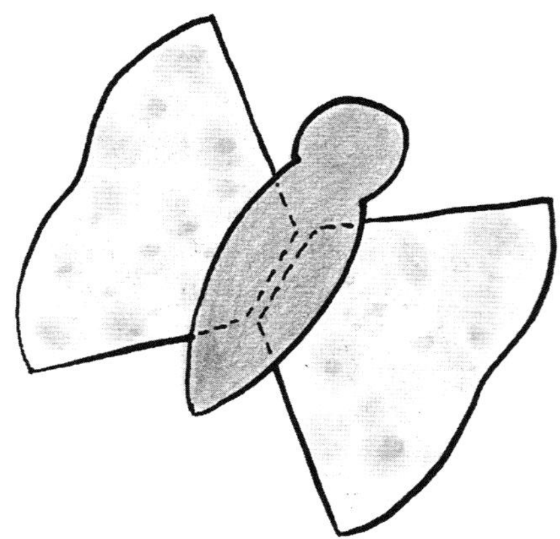

## Schmetterlinge und Raupen aus Salzteig (ab 2 Jahren)

**Zutaten für den Salzteig:**
1 Tasse Mehl, 1 Tasse Salz, 8–10 Esslöffel Wasser, evtl. Lebensmittelfarbe

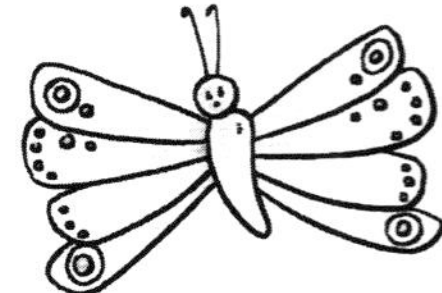

**Material:**
1 Tasse, evtl. Finger- oder Wasserfarben, Glitzer, Pailletten, Knöpfe, Perlen etc., Klebstoff, Pinsel, Wasserbecher, Bastelkittel, Bastelunterlage, Backofen, 1 Schüssel, 1 Esslöffel, 1 Handrührgerät mit Knethaken, 1 Backblech, Backpapier

**Arbeitsanleitung:**
1. Die Zutaten für den Salzteig werden in einer Schüssel vermengt und anschließend in kleinen Portionen an die Kinder verteilt.
2. Jedes Kind formt nun selbstständig einen Schmetterling oder eine Raupe.
3. Anschließend werden die Salzteigfiguren im vorgeheizten Backofen bei 150 °C etwa 30 bis 40 Minuten gebacken.
4. Nachdem die Raupen und Schmetterlinge ausgekühlt sind, dürfen die Kinder ihre Figuren nach Belieben bemalen und verzieren.

**Tipp:**
Wenn Ihnen die Herstellung des Salzteigs zu umständlich sein sollte oder Ihnen die Zeit fehlt, können Sie auch mit Knetmasse Schmetterlinge und Raupen formen.

BVK • Nicole Weigand: Kita aktiv „Projektmappe Schmetterlinge“

# Wir basteln einen Laub-Schmetterling (ab 2 Jahren)

**Material:**
weißes oder farbiges Papier, Äste, verschiedene Blätter, schwere Bücher, Klebstoff, Bastelunterlage, Bastelkittel

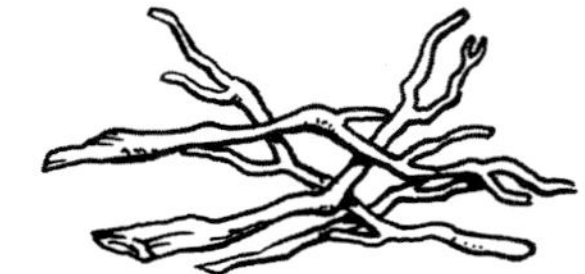

**Vorbereitung:**
Machen Sie mit Ihren Kindern einen Spaziergang in den Wald. Gemeinsam werden die Blätter verschiedener Laubbäume und viele dünne, gerade Äste gesammelt. Die Blätter werden zwischen Zeitungsseiten gelegt und dann zwischen Büchern gepresst, bis sie trocken sind.

**Arbeitsanleitung:**
1. Wenn die Blätter trocken sind, werden die Schmetterlinge gebastelt: Die Erzieherin hilft den Kindern dabei, einen dünnen Ast senkrecht in die Mitte eines Papierbogens zu kleben.
2. Als Schmetterlingsflügel werden nun links und rechts neben dem Ast zwei Blätter mit Klebstoff fixiert. Die Schmetterlinge aus Laub sind eine tolle Dekoration für den Gruppenraum!

# Eine Raupe aus Eierkartons (ab 2 Jahren)

**Material:**
Eierkartons, Wasserfarben, Pfeifenputzer, 1 Schere, 1 schwarzer Filzstift, Pinsel, 1 Prickelnadel, Wasserbecher, Malunterlage, Malkittel

**Arbeitsanleitung:**
1. Die Erzieherin schneidet für jedes Kind eine Zapfenreihe (das ist der untere Teil des Eierkartons, in dem sich die Eier befinden) ab.
2. Die Kinder malen diese anschließend mit Wasserfarben bunt an.
3. Für die Fühler der Raupe werden mit einer Prickelnadel am Ende der Zapfenreihe zwei Löcher gebohrt und die Erzieherin steckt zwei Pfeifenputzer als Fühler durch die Löcher.
4. Zum Schluss malen die Kinder mit einem schwarzen Filzstift ein Gesicht auf die Raupe.

BVK • Nicole Weigand: Kita aktiv „Projektmappe Schmetterlinge"

## Wir pflanzen einen Himbeerstrauch (ab 3 Jahren)

**Material:**
1 Himbeerstrauch (z. B. aus dem Gartencenter), möglichst viele Schaufeln, mehrere Paar Gartenhandschuhe, Gartenerde, Schubkarre, Gießkanne, Wasser

**Arbeitsanleitung:**
1. Der Kindergruppe wird erläutert, dass gemeinsam ein Himbeerstrauch im Garten gepflanzt werden soll, auf den sich gerne Schmetterlinge setzen.
2. Es wird gemeinsam mit den Kindern ein geeigneter Standort gesucht. Die Kinder ziehen sich ihre Gartenhandschuhe über und beginnen, ein großes Loch für den Himbeerstrauch zu graben.
3. Der Strauch wird in das Loch eingesetzt und mit der neuen Gartenerde bedeckt.
4. Eine Gießkanne wird mit Wasser gefüllt. Die Kinder können den Himbeerstrauch nun abwechselnd bewässern.

**Tipp:**
Die Aktion kann auch als Anlass genutzt werden, um den Kindern zu erklären, was eine Pflanze zum Wachsen benötigt.

## Körperbau Raupe und Schmetterling (ab 2 Jahren)

**Material:**
Kopiervorlagen „Raupe“ und „Schmetterling“ (S. 21)

**Arbeitsanleitung:**
1. Die Kinder werden zunächst aufgefordert zu berichten, was sie schon über Schmetterlinge wissen.
2. Anhand der Kopiervorlagen kann nun mit den Kindern der Körperbau der Raupe und des Schmetterlings besprochen werden.

Mögliche Fragen könnten dabei sein:
- Wie viele Beine hat der Schmetterling?
- Wie sehen die Augen des Schmetterlings aus?
- Mit welchem Körperteil kann der Schmetterling Nahrung aufnehmen?
- Wie viele Beine hat die Raupe auf dem Bild?
- Ist die Raupe dick oder dünn, lang oder kurz?
- Wie sieht es aus, wenn sich eine Raupe fortbewegt?

## Kopiervorlage „Raupe“

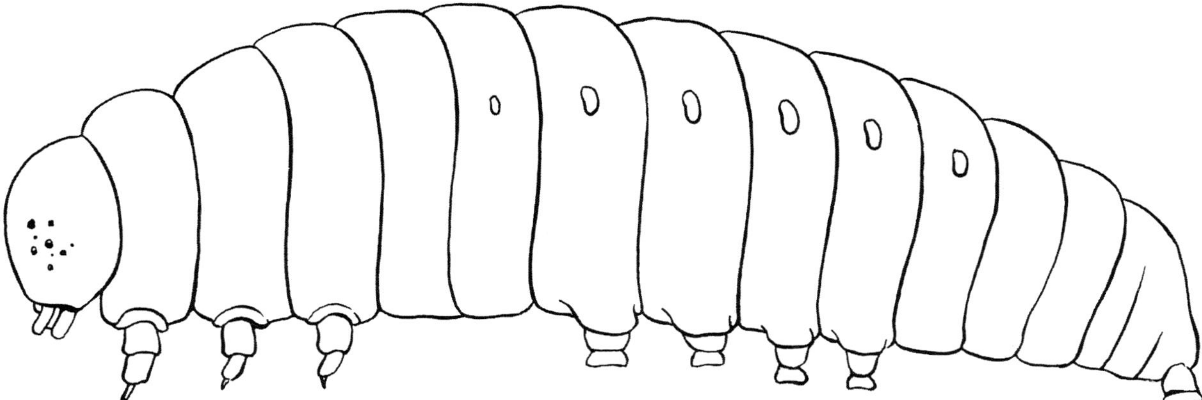

## Kopiervorlage „Schmetterling“

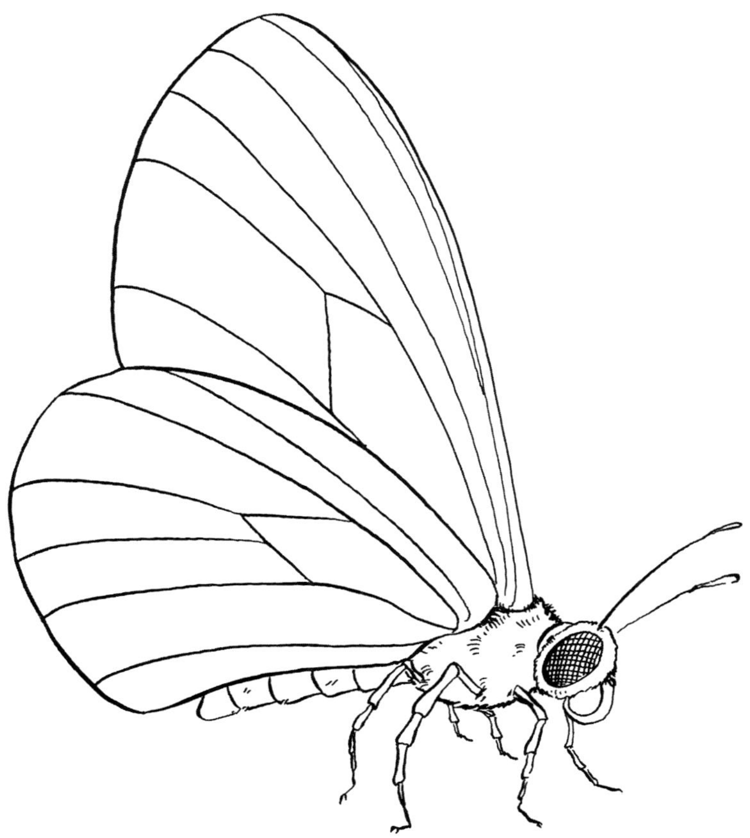

BVK • Nicole Weigand: Kita aktiv „Projektmappe Schmetterlinge“

## Was passt zusammen? (ab 3 Jahren)

Verbinde.

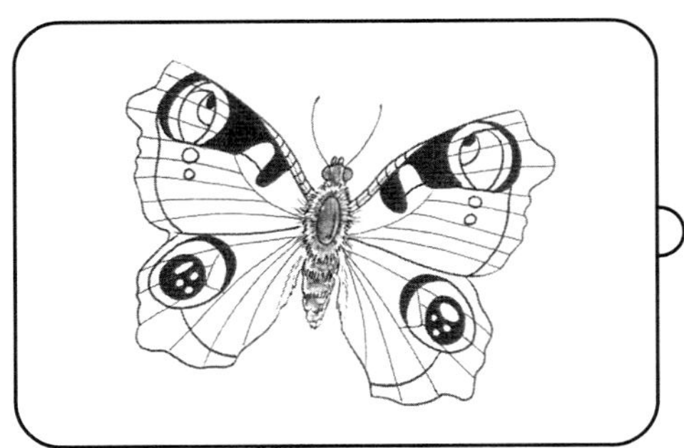

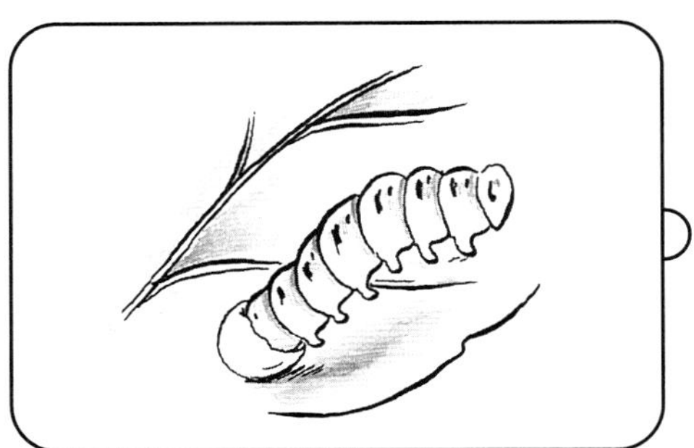

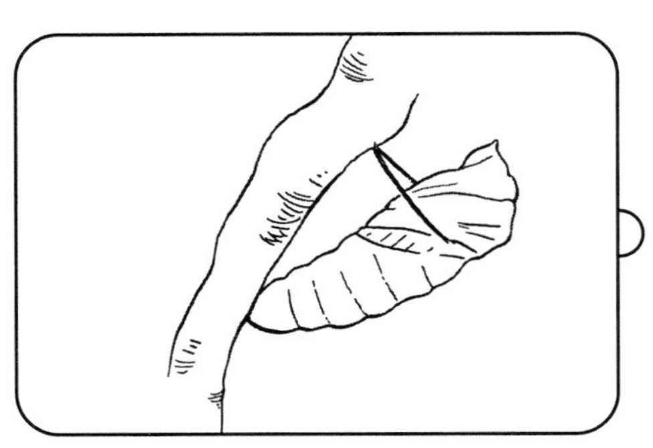

## Schmetterlinge schützen (ab 3 Jahren)

Streiche durch: Was mögen Raupen und Schmetterlinge nicht?

Male an: Das mögen Raupen und Schmetterlinge.

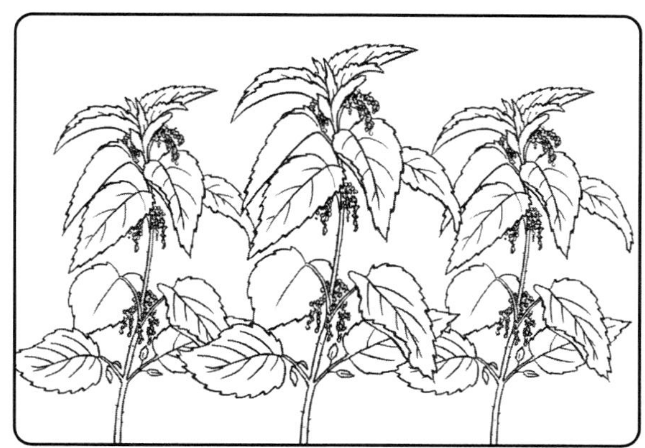

## Vom Ei zum Schmetterling (ab 4 Jahren)

Schneide die Bilder aus.

Klebe sie in der richtigen Reihenfolge auf.

| 1 | 4 |
|---|---|
| 2 | 5 |
| 3 | 6 |

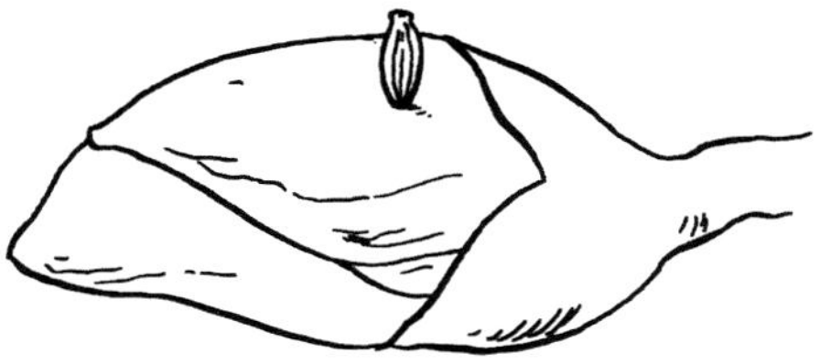

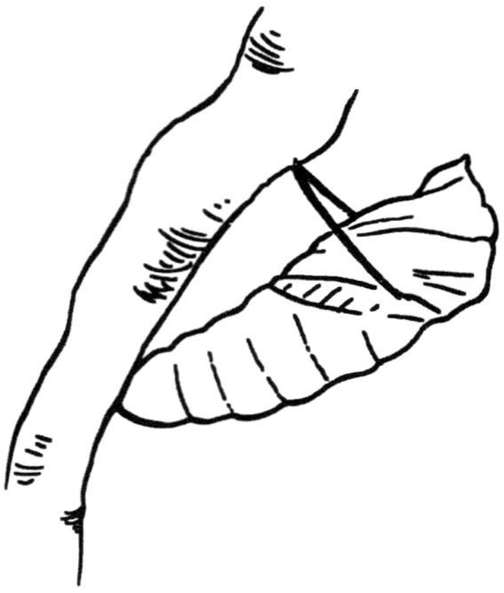

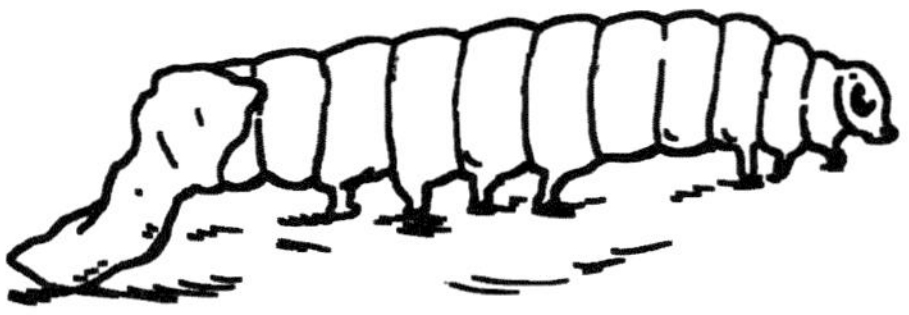

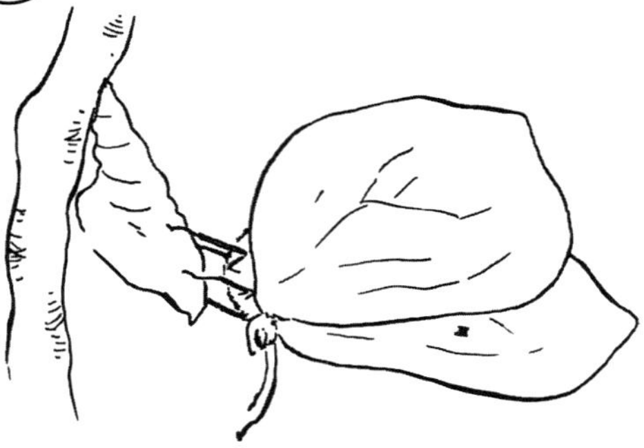

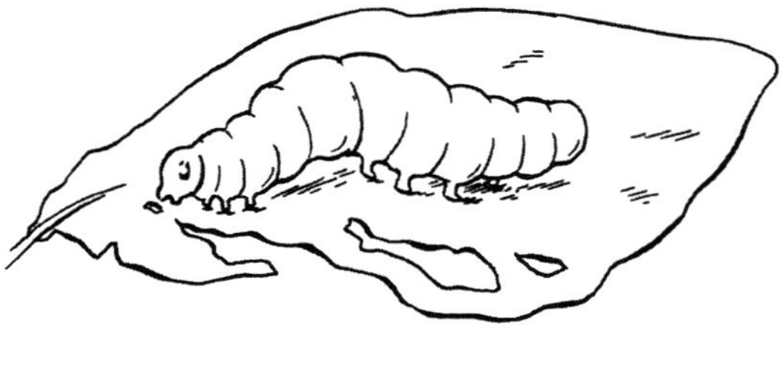

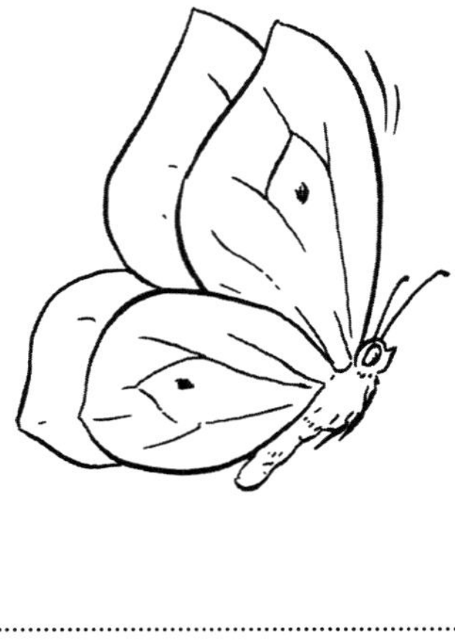

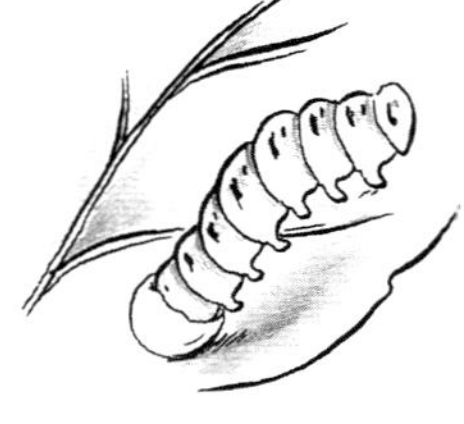

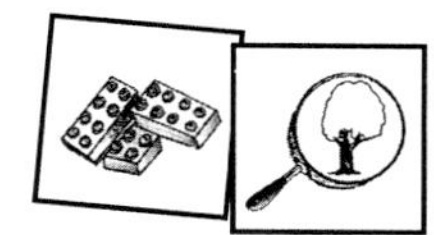

# Pauls Garten (1) (ab 2 Jahren)

Endlich ist der Frühling da! Nun kann Paul nach diesem langen Winter wieder im Garten vor dem Haus spielen. Paul lebt mit seinen Eltern und seiner Großmutter auf dem Land in einem wunderschönen Haus mit einem großen Garten.
Dort gibt es einige Obstbäume, eine dicke, alte Eiche, viele Blumenbeete und Brennnesselsträucher.

Paul kennt sich schon sehr gut mit den Pflanzen aus, denn seine Großmutter erklärt ihm dazu immer viele interessante Dinge. Er weiß zum Beispiel, wie oft man welche Blumen gießen muss und wann die Jasmin-Hecke blüht, die immer so herrlich duftet. Und dass die Sonnenblume immer ihr Gesicht der Sonne entgegenstreckt.
Die Brennnesselsträucher mag Paul eigentlich überhaupt nicht. Im letzten Jahr hat er sie, trotz der vielen Warnungen seiner Großmutter, berührt und seine Hand hat schrecklich lang wehgetan. Aber seine Großmutter mag Brennnesseln. Sie pflückt die Blätter ab und legt sie zum Trocknen in die Sonne. Natürlich trägt sie dabei immer Gartenhandschuhe! Aus den getrockneten Blättern macht sie sich dann jeden Tag ihren Brennnesseltee.

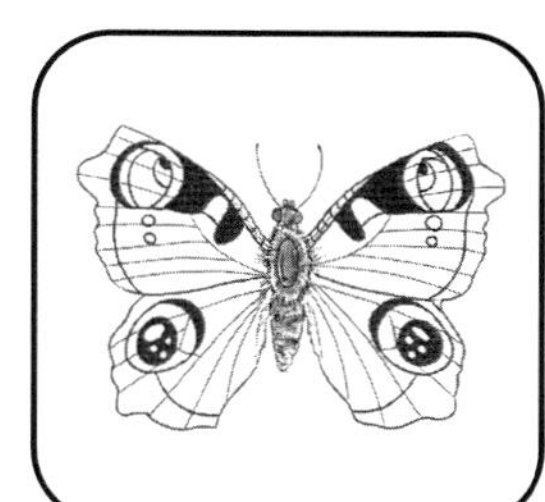

Heute entdeckt Paul einen wunderschönen Schmetterling, der über die Brennnesselpflanzen fliegt. Es sieht fast so aus, als ob er Augen auf seinen Flügeln hat! Paul setzt sich ins Gras und beobachtet den Schmetterling, der sich direkt vor ihm auf die Wiese setzt.
„Guten Tag, kleiner Schmetterling“, sagt Paul zu ihm. Und zu seiner Überraschung antwortet ihm der Schmetterling. Er sagt: „Guten Tag, kleiner Paul.“

Paul ist ganz verdutzt, denn er hat noch nie einen sprechenden Schmetterling gesehen.
„Woher kennst du meinen Namen?“
„Ich höre immer, wenn deine Eltern und deine Großmutter dich zum Essen ins Haus rufen“, antwortet der Schmetterling.
Paul lacht und sagt: „Ach so. Und wie heißt du?“
„Ich heiße Tagpfauenauge und bin seit ein paar Tagen bei euch im Garten, denn hier gibt es viele herrliche Blumen“, antwortet der Schmetterling.
„Also hab ich doch richtig erkannt, dass du Augen auf deinen Flügeln hast.
Wozu brauchst du denn die Augen auf deinen Flügeln? Kannst du damit sehen?“, fragt Paul.
„Aber nein, meine richtigen Augen habe ich vorn am Körper, wo auch meine Fühler sind. Die Augen auf meinen Flügeln sind nur zur Tarnung. Wenn sich ein Feind nähert, schlage ich meine Flügel auf und mache ein zischendes Geräusch. Dann bekommt er Angst und lässt mich in Ruhe“, erklärt das Tagpfauenauge.

„Wow, du bist aber ganz schön schlau! Wer sind denn deine Feinde?“, fragt Paul.
„Na die Vögel, denn sie fressen gerne Raupen und Schmetterlinge“, antwortet das Tagpfauenauge.
„Nun verrate mir doch bitte, was so lecker an Brennnesseln ist?“, fragt Paul und verzieht das Gesicht.
„Ich mag sie auch nicht, aber meine Kinder, die Raupen, fressen sie gerne.
Also lege ich meine Eier auf Brennnesselblätter. Wenn die Raupen aus den Eiern schlüpfen, ernähren sie sich von ihrer Lieblingsspeise, den Brennnesseln“, sagt das Tagpfauenauge.

## Pauls Garten (2) (ab 2 Jahren)

„Hast du vielleicht Lust, mit mir zu spielen? Kennst du Verstecken spielen?“, fragt Paul. „Natürlich kenne ich das. Lass es uns versuchen: Du versteckst dich zuerst und ich werde dich suchen“, sagt das Tagpfauenauge.
Paul läuft sofort los und versteckt sich hinter der dicken Eiche.
Und so spielen sie gemeinsam den ganzen Nachmittag im Garten Verstecken.
Es macht beiden großen Spaß und Paul ist überglücklich, dass er einen neuen Freund gefunden hat.

Am Abend, als es anfängt, dunkel zu werden, ruft Pauls Mutter ihn zum Abendessen ins Haus.
Die beiden Freunde verabschieden sich voneinander und versprechen sich, morgen wieder gemeinsam im Garten zu spielen.
„Bis morgen, kleiner Schmetterling“, sagt Paul leise. Fröhlich läuft er ins Haus.

**Arbeitsanleitung:**
Während oder nach dem Vorlesen untermalen passende Bilder von Raupen und Schmetterlingen die Geschichte. Die Erzieherin kann dabei auch auf die besonderen Entwicklungsschritte von der Raupe zum Schmetterling eingehen. Die Kinder können anschließend dazu aufgefordert werden, selbst Bilder zu der Geschichte zu gestalten.
Passend zu der Geschichte ist es in der Regel ein großer Spaß für die Kinder, selbst auf Schmetterlingssuche zu gehen. Die Erzieherin versteckt dafür die ggf. im Vorfeld selbst gebastelten Schmetterlinge (s. S. 15 – 19) im Gruppenraum.

## Wir kochen Brennnesseltee aus Pauls Garten

**Material:**
1 Paar Garten- oder Einweghandschuhe für jedes Kind, 1 Eimer, 1 Teekanne, 1,5 Liter Wasser, 1 Wasserkocher, etwa 12 Teelöffel kleingeschnittene Brennnesselblätter, ggf. Honig

**Vorbereitung:**
Die Kinder ziehen sich die Garten- bzw. Einweghandschuhe an und pflücken im Außengelände oder auf einem Spaziergang Brennnesselblätter. Es sollten nur Blätter von Pflanzen gepflückt werden, die nicht in unmittelbarer Nähe einer vielbefahrenen Straße wachsen.

**Arbeitsanleitung:**
Die Brennnesselblätter werden gewaschen und können dann entweder sofort für die Zubereitung des Tees verwendet werden oder zuvor in der Sonne getrocknet werden. Die Erzieherin gießt kochendes Wasser in die Teekanne und gibt die Brennnesselblätter hinzu. Generell gilt: Je mehr Brennnesselblätter im Tee sind, desto intensiver wird der Geschmack. 12 Teelöffel mit kleingeschnittenen Blättern reichen jedoch in der Regel aus. Nachdem der Tee mindestens 10 Minuten ziehen konnte, wird er ungesüßt oder mit etwas Honig serviert. Mit den getrockneten Blättern lässt sich auch zu einem späteren Zeitpunkt immer wieder neuer Tee zubereiten.

**Bilder-Kopiervorlage von Zutaten und Haushaltsgegenständen**

BVK • Nicole Weigand: Kita aktiv „Projektmappe Schmetterlinge“

## Bunte Falter-Kekse (ab 2 Jahren, für ca. 60 – 70 Kekse)

**Zutaten für den Teig:**
250 g Mehl und etwas Mehl für die Arbeitsfläche, 1 Teelöffel Backpulver, 100 g Zucker, 1 Prise Salz, 1 Teelöffel abgeriebene Bio-Zitronenschale, 125 g Butter, 2 Eigelb, 1 Teelöffel Zitronensaft

**Zutaten für den Guss:**
1 Teelöffel abgeriebene Bio-Zitronenschale, 150 g Puderzucker, 1 – 2 Esslöffel Zitronensaft, bunte Zuckerperlen

**Arbeitsmittel:**
Handrührgerät mit Knethaken, 1 Rührschüssel, Schmetterlingsausstechformen, Schürzen, Frischhaltefolie, Kühlschrank, Backpapier, Backblech, Backofen, Backpinsel, 1 Schneebesen, 1 kleine Schale, 1 Nudelholz, 1 Kuchengitter, 1 Pfannenwender, 1 Teelöffel, 1 Küchenwaage, 1 Esslöffel

**Zubereitung:**

1. Alle Zutaten werden zu einem glatten Teig verknetet.
2. Die Erzieherin formt mit den Kindern eine Kugel, die in Folie eingewickelt und 30 Minuten in den Kühlschrank gelegt wird.
3. Der Backofen wird auf 180 °C vorgeheizt.
   Der Teig wird auf einer bemehlten Arbeitsfläche ca. 3 mm dick ausgerollt.
4. Die Kinder können nun die Schmetterlinge mit den Ausstechformen ausstechen und auf ein mit Backpapier ausgelegtes Backblech legen.
5. Im Backofen werden die Kekse ca. 10 Minuten bei 180 °C gebacken.
6. Die Schmetterlinge werden vom Backblech genommen und zum Abkühlen einige Zeit auf ein Kuchengitter gelegt.
7. Nun kann mit Puderzucker, Zitronensaft und -schale ein glatter Zuckerguss angerührt werden.
8. Die Kinder bestreichen ihre Schmetterlinge mit dem Guss und verzieren sie mit bunten Zuckerperlen.

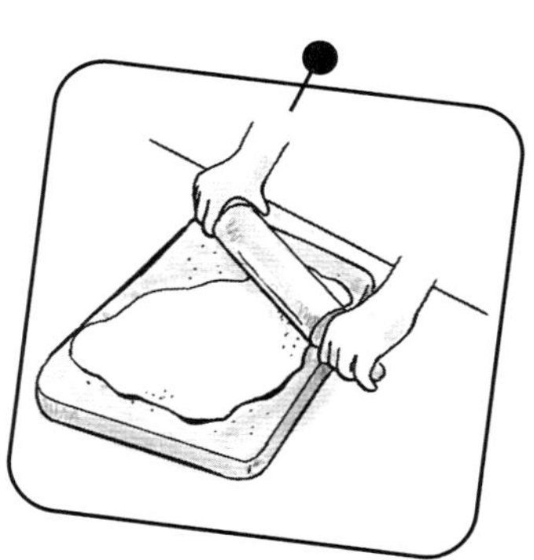

Guten Appetit!

**Tipp:**
Schmetterlingsausstechformen finden Sie zum Beispiel im Webshop von Tortissimo (*www.tortissimo.de*).

# Marmorierter Schmetterlings-Kuchen (ab 2 Jahren)

**Zutaten:**
250 g Zucker, 250 g Butter oder Margarine, 1 Päckchen Vanillezucker, 4 Eier, etwas Zitronensaft, 500 g Mehl, 1 Päckchen Backpulver, etwas Milch, 2–3 Esslöffel Wasser, 4–5 Esslöffel Kakao, Puderzucker oder 1 Tafel Blockschokolade für einen Schokoguss

**Arbeitsmittel:**
Backofen, 2 Rührschüsseln, 1 Handrührgerät mit Rührhaken, 1 Gabel, Schmetterlingskuchenform (ca. 24 cm Ø), 1 Backpinsel, 1 kleine Schüssel, 1 Teelöffel, 1 kleines Sieb, 1 Küchenwaage, 2 Esslöffel, 1 Backrost, 1 Kuchengitter, 1 Kochtopf, 1 Rührlöffel

**Zubereitung:**

1. Zucker, Butter/Margarine, Vanillezucker, Eier, Zitronensaft, Mehl, Backpulver und Milch werden zu einem glatten Teig verrührt.

2. Jetzt wird der Backofen auf ca. 175 °C vorgeheizt.

3. Der Teig wird in zwei Hälften geteilt. Eine Teighälfte wird mit dem Wasser und dem Kakao verrührt.

4. Beide Teige werden anschließend nacheinander in die gefettete Schmetterlingsform gegeben. Mit einer Gabel werden beide Teige spiralförmig vermischt.

5. Nach einer Backzeit von etwa einer Stunde bei 175 °C muss der Kuchen zunächst auf einem Kuchengitter auskühlen, bis ihn die Kinder mit Schokoguss oder Puderzucker verzieren dürfen.

6. Für den Schokoguss wird eine Tafel Blockschokolade im Wasserbad geschmolzen. Die Schokolade wird dafür in kleine Stücke gebrochen und in eine Schüssel gegeben. Zum Erhitzen wird die Schüssel in einen Kochtopf mit heißem Wasser gestellt. Dabei ist unbedingt darauf zu achten, dass kein Wasser in die Schüssel kommt und die Schokolade ständig umgerührt wird. Es dauert nur ein paar Minuten, bis die Schokolade flüssig genug ist, um sie mit einem Backpinsel auf dem Kuchen verteilen zu können.

Fertig ist unser Schmetterlingskuchen!

**Tipp:**
Anstelle der Schmetterlingskuchenform kann auch eine runde Springform (ca. 24 cm Ø) verwendet werden.
Der abgekühlte Kuchen wird dann halbiert und die runden Seiten werden aneinandergelegt.
Als Dekoration können runde Papierkreise ausgeschnitten und auf den Schmetterlingsflügeln verteilt werden.
Anschließend wird der Kuchen mit Puderzucker bestäubt und die Pappkreise werden entfernt.

Schmetterlingskuchenformen finden Sie zum Beispiel im Webshop von Tortissimo (*www.tortissimo.de*).

## Schmetterlings-Toast (ab 2 Jahren)

**Arbeitsmittel:**
1 Messer, Toaster, Schmetterlingsausstechformen

**Zutaten:**
Toastbrot, gekochter Schinken, Käsescheiben (z. B. Gouda), 1 Salatgurke, Butter

**Zubereitung:**
1. Die Gurke wird in Scheiben geschnitten.
2. Die Kinder können den Schinken und den Käse mit den Schmetterlingsformen ausstechen.
3. Die Toastscheiben werden getoastet und anschließend ebenfalls ausgestochen. Die beim Ausstechen anfallenden Reste werden natürlich nicht weggeworfen, sondern ebenfalls gegessen.
4. Nun können die Toastscheiben mit Butter bestrichen und mit Schinken, Käse und Gurke belegt werden. Mit einer weiteren Toastscheibe schließen die Kinder dann ihren Schmetterlings-Toast.

**Weitere Varianten:**
Der Schmetterlings-Toast lässt sich natürlich auch mit anderen Zutaten zubereiten, z. B. mit Salami, Putenbrust, Tomaten oder Schmelzkäse.

## Schmetterlings-Törtchen (ab 3 Jahren, für ca. 25 Schmetterlings-Törtchen)

**Zutaten:**
200 g Butter, 200 g Zucker, 2 Prisen Salz, 4 Eier, 300 g Mehl, 2 Teelöffel Backpulver, 6 Esslöffel Kakao, 4 Esslöffel Milch, 1 Glas Kirschmarmelade, Marzipanrohmasse, Zuckerschrift

**Arbeitsmittel:**
1 Rührschüssel, Backofen, runde Backförmchen bzw. 1 Muffinform, 2 Esslöffel, 1 Kochtopf, 1 kleine Schüssel, Teelöffel, 1 Handrührgerät mit Rührhaken, 1 Rührlöffel, 1 Backblech oder -rost, evtl. 1 Schmetterlingsausstechform

**Zubereitung:**
1. Butter, Zucker, Salz, Eier, Mehl, Backpulver, Kakao und Milch zu einem Rührteig verarbeiten und den Ofen auf 180 °C vorheizen.
2. Anschließend werden die Förmchen jeweils zur Hälfte mit Teig gefüllt und bei ca. 180 °C etwa 15 Minuten gebacken.
3. Während die Schoko-Muffins abkühlen, gestaltet die Erzieherin mit den Kindern aus der Marzipanrohmasse die Schmetterlingsflügel und den Körper. Man kann auch eine Schmetterlingsausstechform für Kekse benutzen.
4. Zum Erwärmen wird die Marmelade in eine kleine Schüssel gegeben, die in einen Kochtopf mit heißem Wasser gestellt wird. Dabei ist darauf zu achten, dass kein Wasser in die Marmeladenschüssel gelangt und die ganze Zeit gerührt wird. Nach ein paar Minuten sollte die Marmelade flüssig sein.
5. Jetzt kann die erwärmte Marmelade auf den Törtchen verteilt werden. Mit etwas Geschick werden nun der Körper und die Schmetterlingsflügel vorsichtig auf die Törtchen gelegt, die zusätzlich noch mit Zuckerschrift dekoriert werden können.

BVK • Nicole Weigand: Kita aktiv „Projektmappe Schmetterlinge"

# Bilder-Kopiervorlage von Zutaten und Haushaltsgegenständen

## Bunte Falter-Kekse

## Marmorierter Schmetterlings-Kuchen

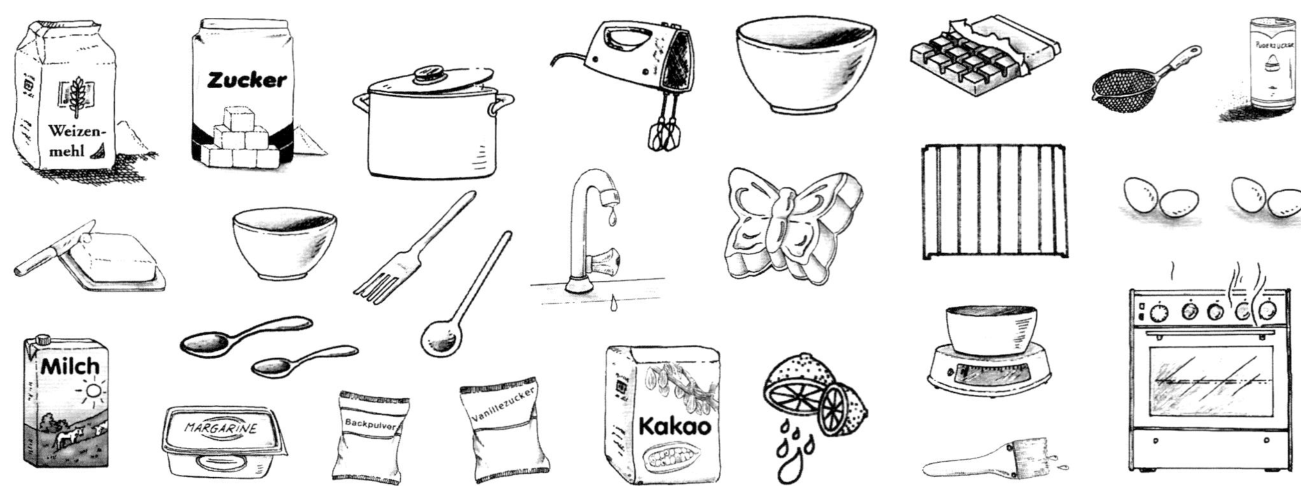


## Schmetterlings-Toast

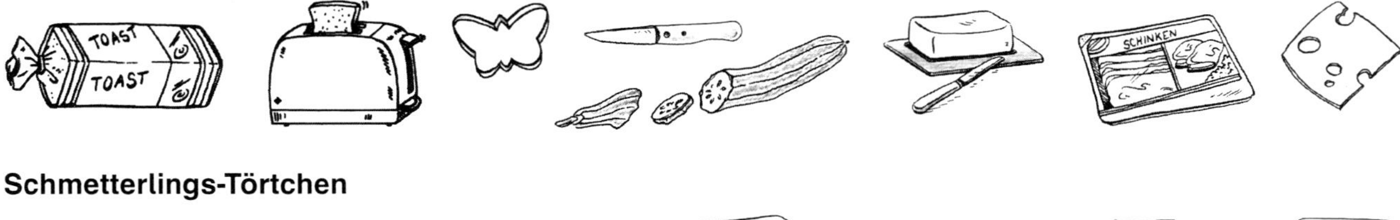


## Schmetterlings-Törtchen

BVK • Nicole Weigand: Kita aktiv „Projektmappe Schmetterlinge“

## Glücksschmetterling (ab 3 Jahren)

**Material:**
Tonkarton in Gelb, Orange, Rot, Blau, Grün und Lila, Schere, Filzstift, Zahlenwürfel

**Vorbereitung:**
Es werden sechs gleiche Schmetterlinge in den angegebenen Farben angefertigt.
Als Vorlage kann die Kopiervorlage auf Seite 17 verwendet werden.
Jeder fertige Schmetterling wird in sechs Puzzleteile zerschnitten.
Auf jedes Puzzleteil wird mit Filzstift ein Würfelpunkt von 1–6 gemalt.

**Spielregeln:**
Dieses Spiel ist für sechs Kinder gedacht. Die einzelnen Puzzleteile liegen bunt gemischt in der Tischmitte. Jedes Kind sucht sich eine Farbe aus und versucht als Erstes seinen Schmetterling zusammenzupuzzeln, indem es die einzelnen Teile erwürfelt: Würfelt das Kind eine „2“ darf es das entsprechende Puzzleteil nehmen. Der Gewinner darf sich etwas wünschen, vielleicht geht es sogar in Erfüllung!

**Tipp:**
Damit das Spiel auch für kleinere Kinder geeignet ist, kann man es auch mit den Zahlen von 1 bis 3 spielen. Es gibt Würfel mit den Zahlen von 1–3, entweder mit Punkten oder mit Zahlen.
Ein Zahlenwürfel mit den Zahlen von 1–3 kann auch selbst erstellt werden:
Verwenden Sie dafür einen Zahlenwürfel von 1–6 und überkleben Sie die Zahlen von 4–6 mit weißen Klebepunkten oder Klebeetiketten. Die weißen Würfelseiten werden nun mit den Zahlen 1–3 beschriftet.

## Raupe fädeln (ab 3 Jahren)

**Material:**
viele große Holzperlen mit Loch, längeres dickeres Band/Faden, 1 Zahlenwürfel, wasserfeste Stifte, 1 Schere

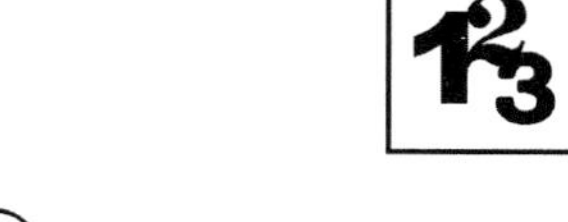

**Vorbereitung:**
Für jedes Kind wird ein Faden an eine Holzperle geknotet. Sie dient als Raupenkopf und kann zusätzlich mit einem Gesicht bemalt werden.

**Spielregeln:**
Die Kinder fädeln, nachdem sie gewürfelt haben, die entsprechende Anzahl von Holzkugeln auf ihre Raupe.
Dieser Vorgang kann beliebig oft wiederholt werden.
Je nach Bedarf und Alter der Kinder können auch zwei oder drei Zahlenwürfel verwendet werden.

**Tipp:**
Zusätzlich zu dem Zahlenwürfel kann auch ein Farbwürfel benutzt werden.
Dafür benötigt man Holzkugeln in verschiedenen Farben.

## Geometrischer Schmetterling (ab 4 Jahren)

Male den Schmetterling fertig.

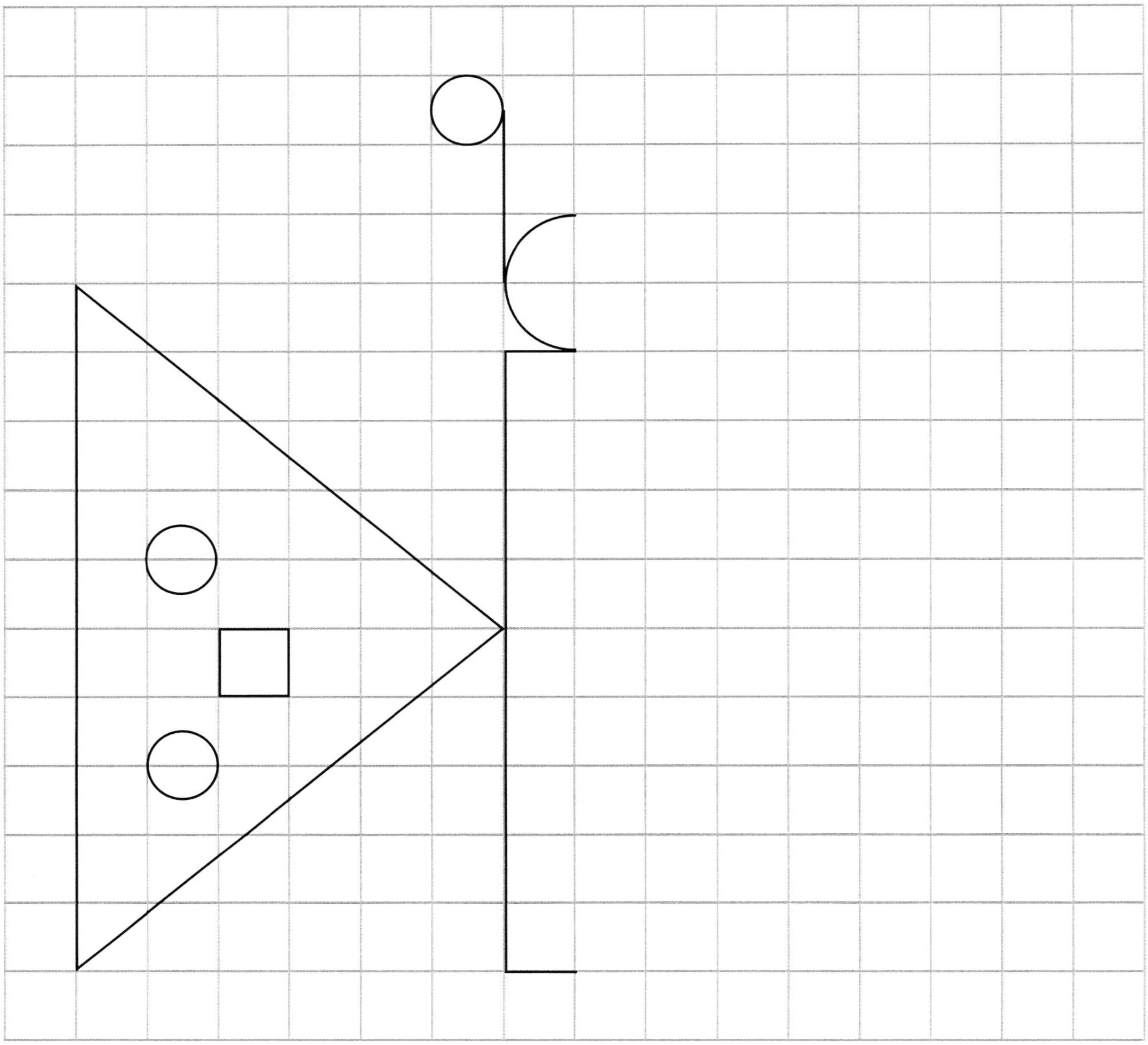

## Zahlenschmetterling (ab 4 Jahren)

Zähle und verbinde richtig.

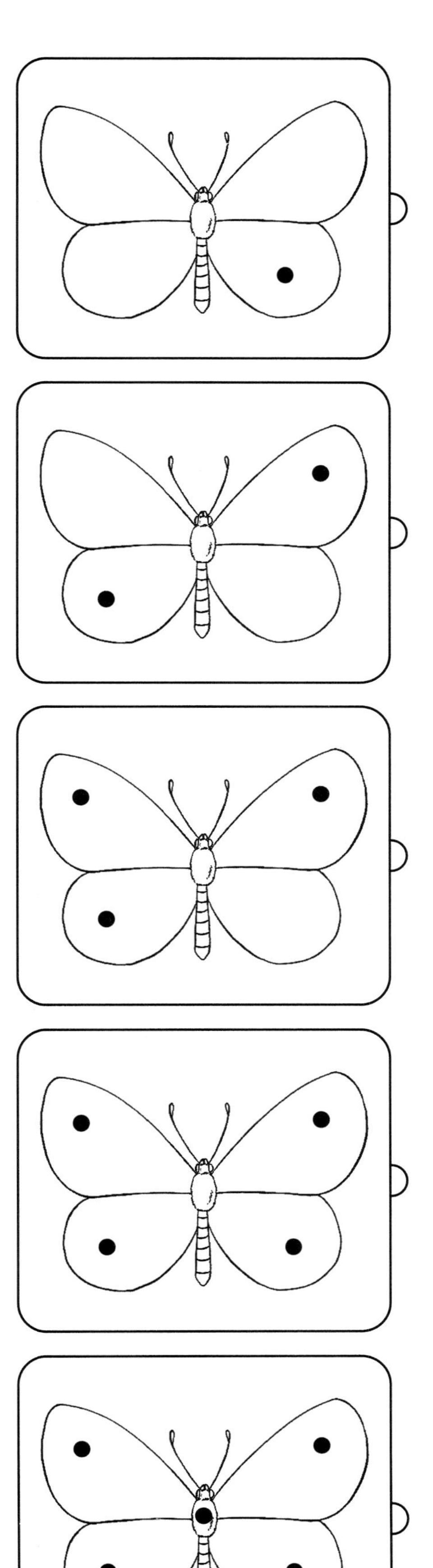

# Schmetterlingsfest (1) (ab 2 Jahren)

Jetzt haben die Kinder so viel mit den Schmetterlingen erlebt und über sie erfahren, dass ihnen zum Abschluss ein Schmetterlingsfest mit ihren Eltern bestimmt Spaß machen wird.
All die Lieder, Spiele, Bastelaktivitäten etc., die in diesem Projekt vorgeschlagen wurden, können mit in das Festprogramm aufgenommen werden. Ein Schmetterlingsfest eignet sich gut als Gruppen-, Kindergarten- oder auch als Geburtstagsfest und kann drinnen oder draußen durchgeführt werden.

**Drinnen:**
Die Aufführung kann in einer Turnhalle oder einem großen Flur stattfinden. Die Gruppenräume können für die Spiele (ab S. 36) und evtl. für ein Büfett (ab S. 26) genutzt werden. Schön ist es auch, eine Schmetterlingswerkstatt in einem Gruppenraum anzubieten, in der ein oder zwei Kreativangebote (ab S. 15) vorbereitet und zusätzlich Fotos ausgestellt werden, die während des Projekts von den Kindern gemacht wurden.

**Draußen:**
Das Außengelände wird in mehrere Bereiche eingeteilt, z. B. für die Aufführung, die Spiele, das Büfett, eine Fotoausstellung etc.

**1. Einladung: Aufklappbare Schmetterlingskarte**

**Material:**
verschiedenfarbiger Fotokarton, Scheren, Glitzer-Kleber, Stifte, Pluster Pen®, Malkittel, Malunterlage

**Arbeitsanleitung:**
1. Die Vorlage für die Einladungskarte (s. S. 35) wird kopiert und ausgeschnitten.
2. Der Fotokarton (18 cm x 22 cm) wird in der Mitte gefaltet, die Schablone an den Knick gelegt und abgezeichnet.
3. Jetzt kann der Schmetterling aus den beiden Lagen der Karte ausgeschnitten werden. Am Knick nicht abschneiden!
4. Auf das Deckblatt kann die Erzieherin mit Pluster Pen® „Schmetterlingsfest" schreiben.
5. Die Kinder dürfen jetzt das Deckblatt mit Glitzer-Kleber und Stiften dekorieren. Die Erzieherin klebt in das Innere der Karte den Text der Vorlage und vervollständigt ihn.

**2. Dekoration:**

Eine Leine kann drinnen und draußen quer gespannt werden. Sie wird mit Krepppapier verschönert (z. B. blaues Papier als Himmel, grünes Papier als Wiese). An der Leine können nun Schmetterlinge, Blumen oder auch Wolken befestigt werden, die im Vorfeld von den Kindern gebastelt werden: Nachdem die verschiedenen Formen von den Kindern aus weißem Fotokarton ausgeschnitten wurden, können sie mit verschiedenen Malutensilien (Wachsmalstifte, Filzstifte, Fingerfarben etc.) angemalt werden. Die Bastelobjekte dürfen allerdings nicht zu klein ausfallen, sonst haben sie zu wenig Wirkung. Die Schmetterlinge kann man auch mit anderen Techniken erstellen, z. B. aus Kaffeefiltern, aus Blättern o. Ä. (s. S. 15 – 19). Ganz einfach sind z. B. Faltschmetterlinge aus Tonpapier, die auch eine schöne Wirkung erzielen.

**3. Aufführung: Schmetterlingslieder und -tanz**

**Kleidung:**
Alle Kinder einer Gruppe werden aufgefordert, sich gleichfarbig anzuziehen. Passend zu den Farben werden zusätzlich Flügel erstellt. Dazu werden aus Draht Flügel geformt (siehe Beispiel „Fliegender Schmetterling", S. 17, nur in Großformat) und mit farbigen Nylonstrümpfen überzogen.
Diese können zusätzlich bunt gestaltet werden, z. B. mit Punkten aus farbigem Tonpapier oder Hologrammfolie. Die Erzieherin versieht die Flügel an zwei Punkten mit selbstklebendem Klettverschlussband.
Am T-Shirt oder Pulli der Kinder wird das Gegenstück vom Klettverschlussband befestigt.
Zusätzlich können Kopfbedeckungen erstellt werden. Dazu kann aus Krepppapier ein Kranz in der Flügelfarbe erstellt und mit zwei Fühlern aus Pfeifenputzern versehen werden.

**Begrüßungslied:**
An dieser Stelle kann ein beliebiges Lied von den Liederseiten ausgewählt werden, wie zum Beispiel „Die Reise des Falters" (s. S. 12).

# Schmetterlingsfest (2) (ab 2 Jahren)

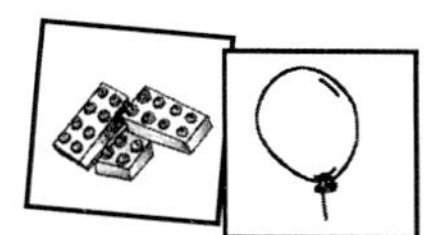

**Tanz:**
Als Hintergrundmusik eignet sich z. B. Frédéric Chopins „Schmetterlingsetüde“. Die Kinder machen passend zur Musik die folgenden Bewegungen:

1. Die Gruppe setzt sich in einen Kreis.
2. Ein Kind beginnt und steht auf, dann das zweite; ein Dominoeffekt wird eingeleitet, bis alle stehen.
3. Die Kinder schlagen alle gleichzeitig mit ihren Flügeln (= Armen) und drehen sich um die eigene Achse.
4. Die Kinder fliegen nach rechts und nach links.
5. Zwei sich gegenüberstehende Kinder fliegen in die Mitte, fassen sich an den Händen und drehen sich im Kreis. Anschließend fliegen sie wieder einzeln zurück zu ihrem Platz. Dann fliegen zwei andere Kinder in die Mitte und so weiter, bis alle Kinder an der Reihe waren.
6. Am Ende laufen alle Kinder gemeinsam in die Mitte und wieder auseinander (evtl. wiederholen).
7. Jetzt bewegt sich der ganze Kreis in eine Richtung, bleibt stehen und dreht sich in die andere Richtung.
8. Zum Abschluss setzen sich alle Kinder wieder langsam auf den Boden und decken sich mit ihren Flügeln zu.

**Abschlusslied:**
Es können z. B. ein oder mehrere der im Heft genannten Schmetterlingslieder (s. S. 11 – 13) vorgesungen werden. Diese können ebenfalls mit Bewegungen dargestellt werden. So entsteht ein kleines Abschlusskonzert.

Knickkante

Liebe Eltern, Freunde und Verwandte,

wir laden Sie herzlich zu unserem Schmetterlingsfest ein. Bei Kaffee und Kuchen können Sie die Ergebnisse Ihrer Kinder, die bei der Beschäftigung mit den faszinierenden Faltern entstanden sind, bewundern!

Am ______ von ______ bis ______ Uhr

im Raum ______ präsentieren wir Ihnen unsere Ergebnisse.

Bitte tragen Sie sich in die Liste ein, damit wir wissen, mit wie vielen Gästen wir rechnen dürfen. Wir freuen uns schon auf einen schönen Nachmittag mit Ihnen.

______

(Namen der ErzieherInnen)

# Schmetterlingsfest (3) (ab 2 Jahren)

**4. Spiele:**

**a) Schmetterlingsparcours**

**Material:**
roter Tonkarton, blaues Krepppapier oder blauer Stoff, 1 Langbank, braune Wellpappe, Zeitungen, grünes Seidenpapier, 1 Schere, Paketklebeband, doppelseitiges Klebeband, Klebstoff

**Vorbereitung:**
**1. Station:**
Aus dem roten Tonkarton werden ca. sechs große Blumen (Ø 30 cm) ausgeschnitten und auf einer Seite mit doppelseitigem Klebeband versehen.
Diese werden im Zickzack in einem Abstand von etwa 50 cm auf den Boden geklebt.
**2. Station:**
Unter eine Langbank wird blaues Krepppapier oder blauer Stoff gelegt. Diese Station stellt einen Fluss mit Brücke dar.
**3. Station:**
Die Erzieherin rollt die braune Wellpappe zu einem Baumstamm zusammen und klebt ihn mit Paketklebeband zusammen. Anschließend werden große Zeitungspapierbälle geformt und mit grünem Seidenpapier umwickelt. Diese „Baumkrone“ sollte mit doppelseitigem Klebeband an der Wellpappe befestigt werden. Von diesen „Bäumen“ werden ca. fünf bis sechs Stück angefertigt.
**4. Station:**
Mit Klebeband wird eine Start- und Ziellinie am Boden im Abstand von etwa 5 m markiert.

**Spielanleitung:**
1. Station: Die Schmetterlinge (= Kinder) fliegen (= hüpfen) von Blume zu Blume.
2. Station: Die Schmetterlinge fliegen (= balancieren) über die Brücke (= Langbank).
3. Station: Die Schmetterlinge fliegen im Slalom um die Bäume (= Wellpappen mit Zeitungspapierkugeln).
4. Station: Die Schmetterlinge fliegen rückwärts.

**b) Schmetterling, flieg!**

**Material:**
Straßenmalkreiden, alternativ können auch Hula-Hoop-Reifen oder Teppichfliesen als „Blumen“ verwendet werden.

**Vorbereitung:**
Findet das Spiel im Freien statt, werden mit Straßenmalkreiden Blumen (Ø ca. 30 cm) auf den Boden gemalt. Wenn das Spiel im Gruppenraum gespielt werden soll, werden stattdessen Reifen oder Teppichfliesen verteilt. Dabei sollte darauf geachtet werden, dass jeweils eine „Blume“ weniger als die Anzahl der spielenden Kinder vorhanden ist.

**Spielanleitung:**
Alle Kinder, bis auf eines, stellen sich auf eine gemalte Blume oder eine Teppichfliese/in einen Hula-Hoop-Reifen. Das übriggebliebene Kind steht in der Mitte der „Blumenwiese“ und ruft: „Schmetterling, flieg!“
Nun müssen alle Kinder ihre Blume verlassen und sich eine neue suchen. Das Kind aus der Mitte versucht, ebenfalls zu einer Blume zu gelangen. Das Kind, das nun übrigbleibt, darf die Kinder erneut zum „Schmetterlingsflug“ auffordern. Es können beliebig viele Runden gespielt werden.

**5. Büfett:**
Nun kann es zum gemütlichen Abschluss übergehen, dem Büfett. Einige Anregungen finden Sie auf den Seiten 26–29.

## Welche Bilder sind gleich? (ab 5 Jahren)

Schaue genau.

Kreuze das gleiche Bild an.

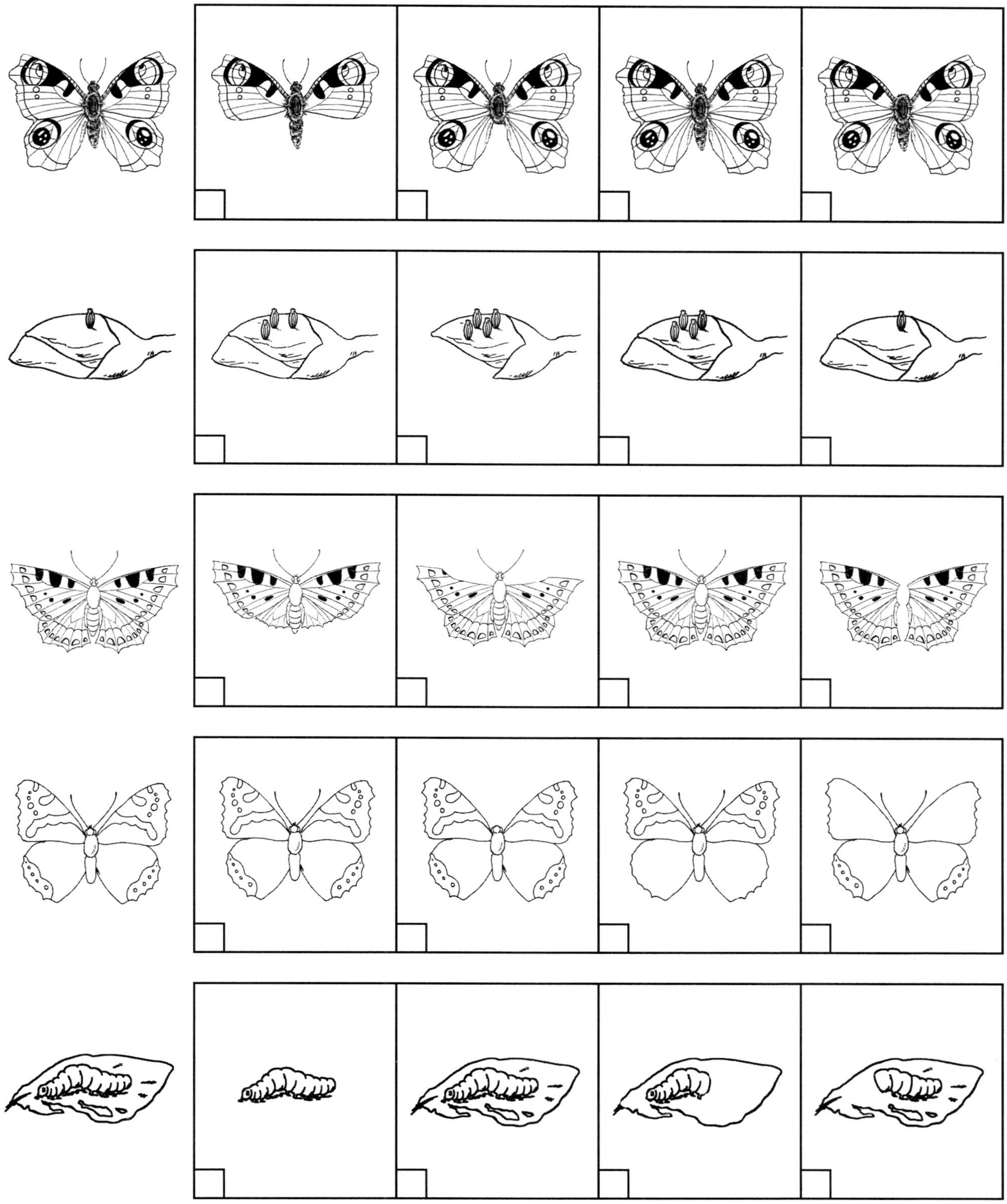

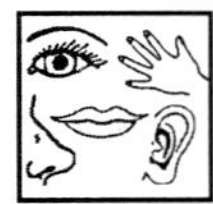

# Der neugierige Schmetterling (ab 3 Jahren)

**Material:**
Matten oder Decken, evtl. CD-Player und Entspannungsmusik

**Arbeitsanleitung:**
In einem Raum mit angenehmer Temperatur legen sich die Kinder bequem auf die vorbereiteten Matten oder Decken und schließen die Augen.
Die Erzieherin liest die Entspannungsgeschichte mit ruhiger Stimme langsam und mit einigen Pausen (…) vor.

**Geschichte:**

Stellt euch vor, ihr liegt auf einer wunderschönen Frühlingswiese mit vielen bunten Blumen.
Ihr seht Gänseblümchen, Schlüsselblumen, Löwenzahn, Mohnblumen und Vergissmeinnicht … Die Sonne steht schon hoch am Himmel und wärmt uns. Spürt ihr die Wärme auf eurem Körper? Oh, das fühlt sich gut an! …
Es fliegen auch einige kleine Tierchen durch die Luft. Hört ihr das Brummen und Summen um euch herum? Da sind Fliegen, Bienen, Libellen und bestimmt sind auch ein paar Schmetterlinge dabei …
Was ist denn das? Da krabbelt es an eurer Hand. Ein kleiner Zitronenfalter sitzt da und ruht sich aus. Wir können ihn richtig lange beobachten und sehen seine schönen, gelben Flügel. Vielleicht hat er wegen seiner gelben Flügel den Namen Zitronenfalter … Huch, was macht er denn jetzt?
Er fliegt weg, aber nur bis zu eurem großen Zeh.
Das kitzelt ein bisschen, wir bleiben aber trotzdem ganz ruhig liegen, denn wir wollen ihn ja nicht verjagen …
Der Zitronenfalter erhebt sich in die Luft und fliegt über unseren Körper, bis zu unserem Kopf. Dort flattert er ein wenig hin und her und setzt sich dann auf unsere Nasenspitze. Das ist ein sehr schönes Gefühl, einen Schmetterling so nah bei sich zu haben. Und er hat auch gar keine Angst vor uns …
Nach einer Weile fliegt er weg und setzt sich auf ein Gänseblümchen.
Auf Wiedersehen, kleiner, neugieriger Zitronenfalter …

Wir bleiben noch einen Moment liegen und genießen die Sonnenstrahlen, dann machen wir die Augen auf und setzen uns hin. Dann stehen wir langsam auf und recken und strecken unseren Körper.

**Tipp:**
Im Anschluss kann ein Gespräch zu der Geschichte geführt werden:
Was hat den Kindern gefallen? Was haben sie gesehen, gefühlt etc.?
Die Kinder können außerdem angeregt werden, ein Bild zu der Entspannungsgeschichte zu malen.

BVK • Nicole Weigand: Kita aktiv „Projektmappe Schmetterlinge“

# Massagegeschichte: Vom Ei zum Schmetterling (ab 3 Jahren)

**Material:**
Matten oder Decken, CD-Player und Entspannungsmusik

**Arbeitsanleitung:**
Die Kinder bilden Zweiergruppen und jedes Kinderpaar entscheidet, wer als Erster die Körpermassage bekommt. Dieses Kind legt sich bequem mit dem Bauch nach unten auf eine Decke oder Matte.
Sein Partner setzt sich daneben. Die Erzieherin erzählt die nachfolgende Geschichte und macht die Massagebewegungen an einem Kind vor. Nach dem Durchgang findet ein Partnerwechsel statt.

**Achtung:**
Es sollte unbedingt vorher in der Gruppe besprochen werden, dass die Kinder rücksichtsvoll miteinander umgehen sollen und auf keinen Fall die Wirbelsäule massieren dürfen.

| Text | Bewegungen |
|---|---|
| Ein wunderschöner, bunter Schmetterling ist auf der Suche nach einem Platz, auf dem er seine Eier ablegen kann. Er fliegt über viele Blumenwiesen, bis er plötzlich einen großen Brennnesselstrauch entdeckt und auf ihn zufliegt. Der Falter klappt abwechselnd seine Flügel auf und zu. | *Das Kind, das zuerst massiert, legt die Handflächen quer übereinander und formt so einen Schmetterling. Das Kind legt die Hände auf den Rücken seines Partners und klappt die Finger hoch und runter.* |
| Unser Schmetterling fliegt von Blatt zu Blatt, um den richtigen Platz zum Eierlegen zu finden. | *Eine leichte Klatschbewegung wird über den ganzen Rücken des Partners gemacht.* |
| Endlich hat der Falter ein Brennnesselblatt gefunden, auf dem er nun seine vielen kleinen Eier ablegt. | *Das Kind benutzt alle Fingerkuppen und drückt diese leicht auf einen Punkt des Rückens seines Partners, als ob es Klavier spielen würde.* |
| Der Schmetterling verteilt seine Eier auf dem ganzen Brennnesselblatt. | *Die Bewegung wird auf dem kompletten Rücken wiederholt.* |
| Nun flattert er ganz müde und zufrieden auf das nächste Brennnesselblatt und ruht sich dort ein wenig aus. | *Der Rücken wird mit den flachen Händen massiert.* |
| Nachdem er genug Kräfte gesammelt hat, flattert er durch die Lüfte davon. | *Die Flatterbewegung wird wiederholt.* |
| Langsam schlüpfen aus den Schmetterlingseiern kleine Raupen. | *Mit der Handkante auf den Rücken drücken und Schlangenlinien ziehen.* |
| Die winzigen Raupen haben großen Hunger und beginnen sofort damit, die Brennnesselblätter zu verspeisen. | *Die Fingerkuppen beider Hände gespreizt auf den Rücken legen und die Finger jeder Hand zur Mitte bewegen.* |
| Nun sind unsere Raupen schon ganz groß und dick geworden. Sie kriechen langsam zu einem Ast, um sich dort zu verpuppen. | *Die Bewegung wird noch einmal mit etwas mehr Druck wiederholt, da die Raupen gewachsen sind. Die Hände werden zu Fäusten geballt, um mit den Fingerknöcheln rechts und links von oben nach unten über den Rücken zu streichen.* |
| Nach einiger Zeit schlüpfen aus den Puppen wunderschöne Schmetterlinge. Sie sind noch ganz schwach und fliegen langsam zur nächsten Blumenwiese. Dabei streichelt der frische Frühlingswind ihre Flügel. | *Der Rücken des Kindes wird zum Schluss mit beiden Händen gestreichelt.* |

## Ausmalbild: Zitronenfalter (ab 3 Jahren)

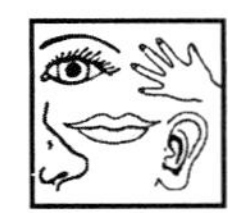

Male richtig aus.

○ = gelb △ = orange □ = braun

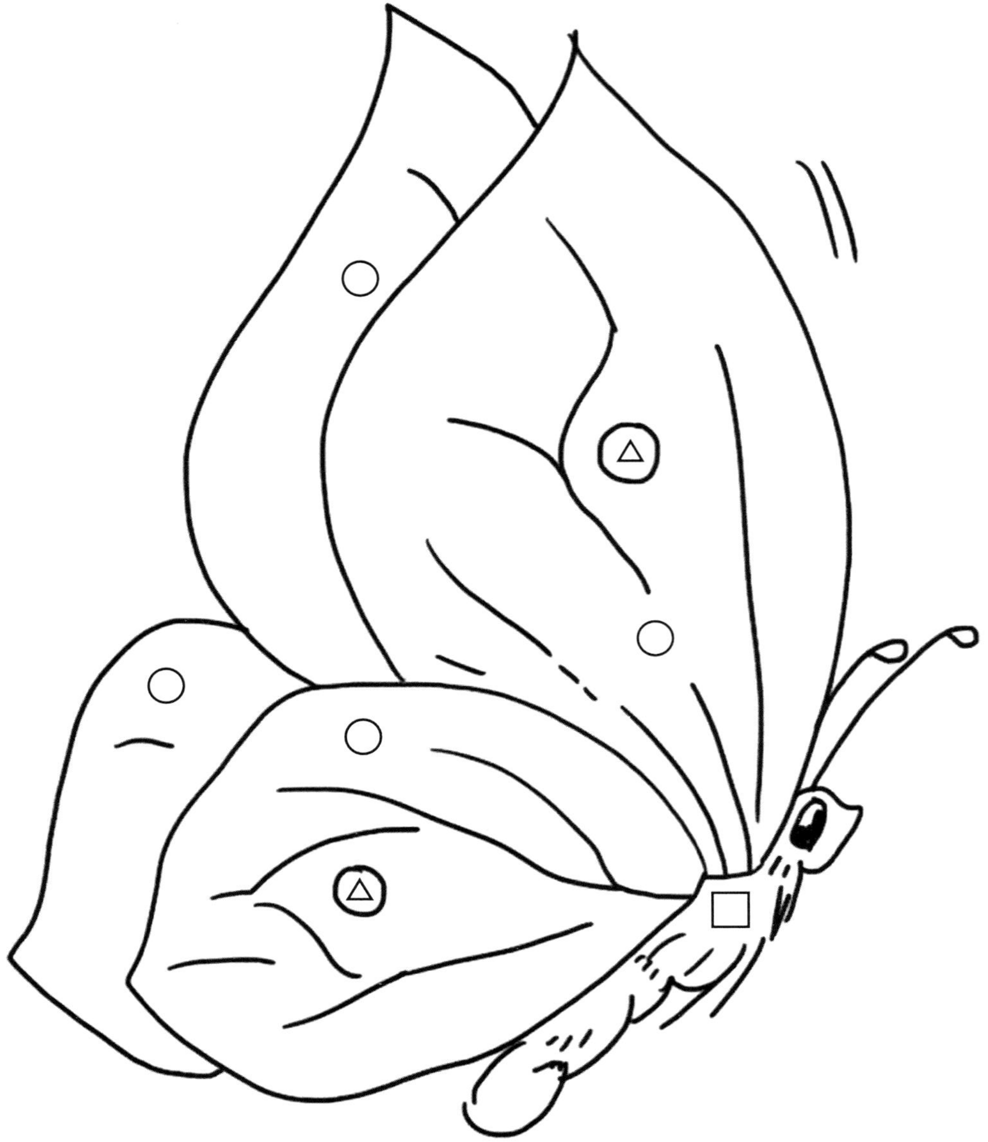



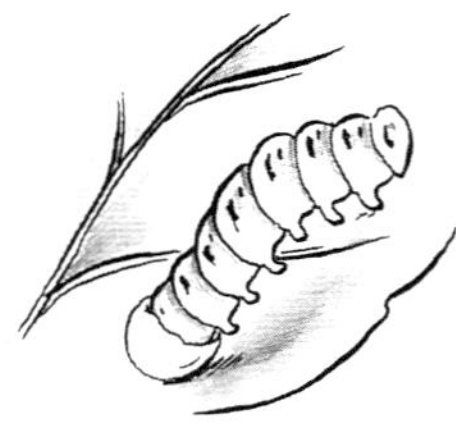

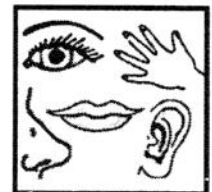

## Ausmalbild: Tagpfauenauge (ab 3 Jahren)

Male richtig aus.

○ = blau □ = braun △ = schwarz

♡ = rot ☆ = gelb

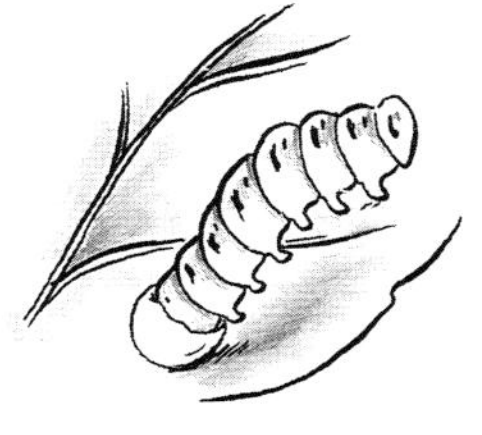

## Linien nachziehen (ab 3 Jahren)

Zeichne nach.

BVK • Nicole Weigand: Kita aktiv „Projektmappe Schmetterlinge“

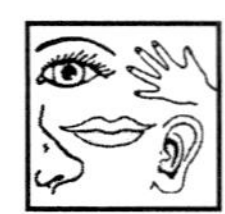

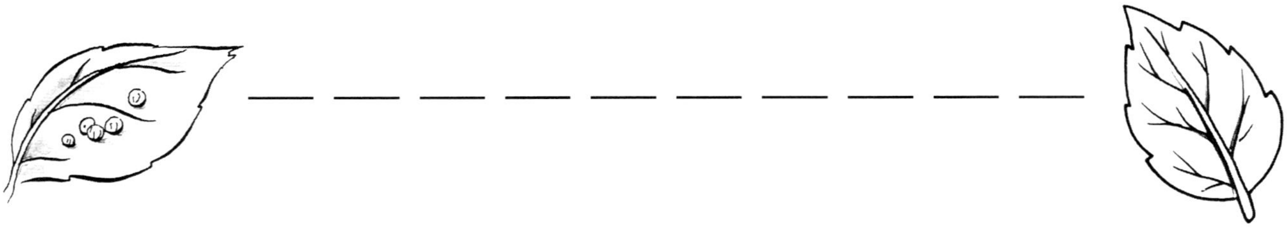

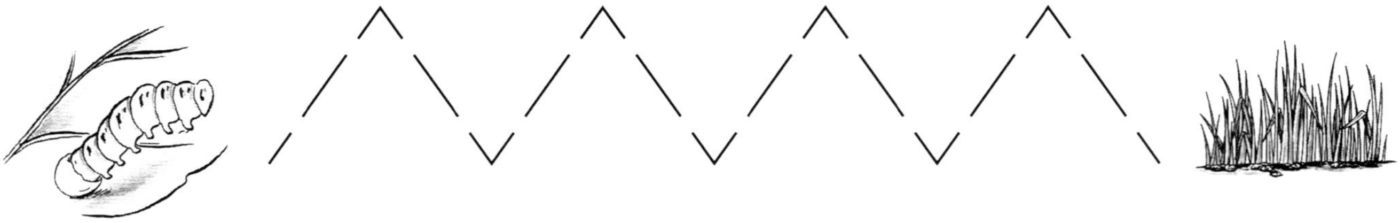

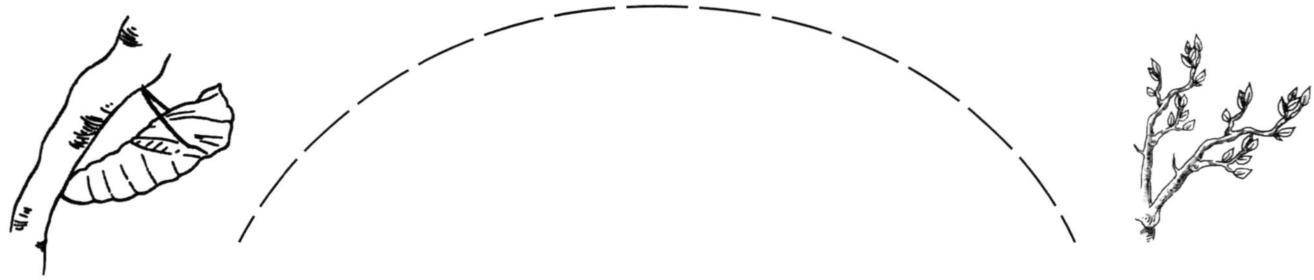

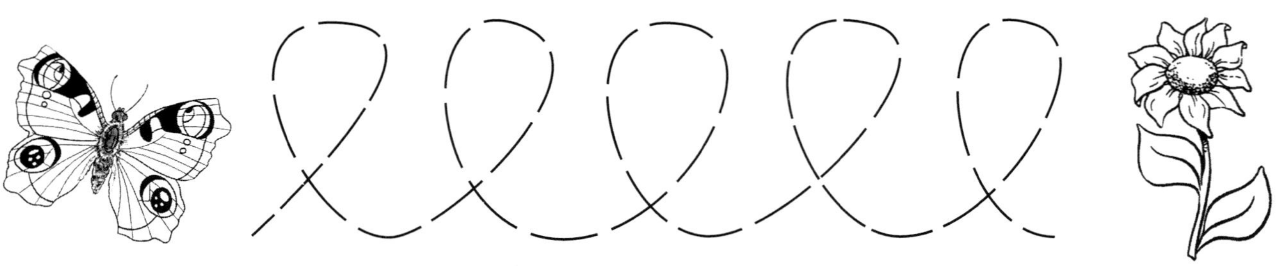

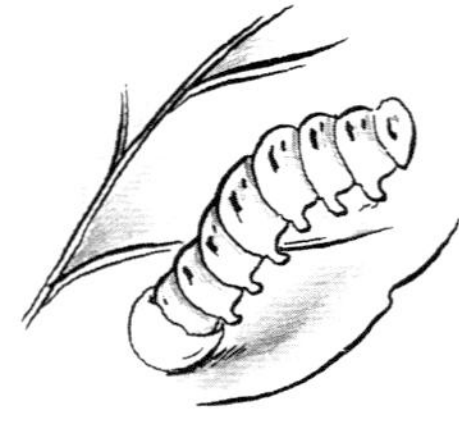

# Wir verpuppen uns (ab 2 Jahren)

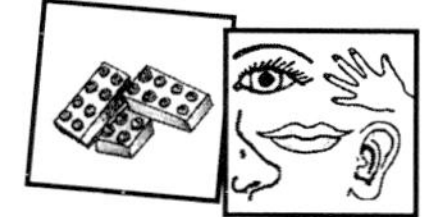

**Material:**
pro Kind 1 Rolle Toilettenpapier oder Küchenkrepp

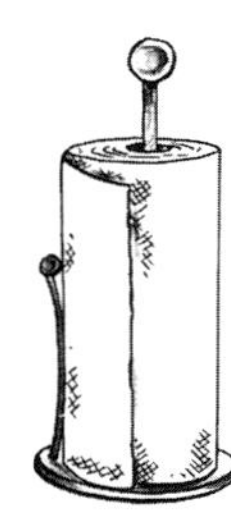
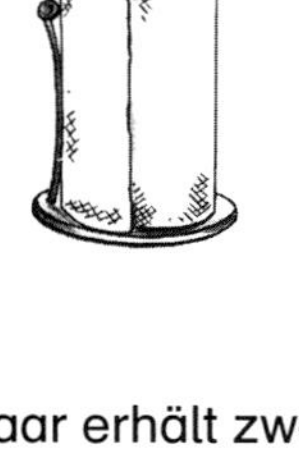

**Vorbereitung:**
Der Kindergruppe wird erklärt, dass die Raupe bei diesem Spiel mit Toilettenpapier eingewickelt wird und sie sich so in eine Puppe/einen Kokon verwandelt.

**Arbeitsanleitung:**
1. Es werden zwei Teams mit jeweils zwei Kindern gebildet und jedes Paar erhält zwei Rollen Toilettenpapier.
2. Nun entscheiden die Kinder, wer zuerst in eine Puppe/einen Kokon verwandelt werden soll.
3. Das Kind, das verwandelt wird, muss möglichst still stehenbleiben.
4. Auf Kommando beginnt die Verpuppung, d. h. ein Kind wickelt das andere von den Füßen bis zum Hals mit Toilettenpapier ein. Der Kopfbereich bleibt frei.
5. Wenn alle Kinder verpuppt sind, können sie sich von dem Toilettenpapier befreien und als Schmetterlinge durch den Raum flattern.
6. Danach findet ein Partnerwechsel statt.

**Tipp:**
Das verwendete Toilettenpapier kann (alternativ zu den Bällen) noch für die Turngeschichte „Von der Raupe zum Schmetterling" (s. S. 44) verwendet werden, um daraus Obst und Gemüse zu basteln.

---

# Schmetterlingsdurcheinander (ab 3 Jahren)

(Spielvorgang ähnlich wie „Obstsalat")

**Material:** –

**Spielanleitung:**
1. Die Kinder sitzen im Stuhlkreis und werden in vier Schmetterlingsarten eingeteilt, z. B. Zitronenfalter, Tagpfauenauge, Admiral, Kleiner Fuchs etc.
2. Ein Kind wird zum Spielleiter ernannt. Es stellt sich in die Mitte des Stuhlkreises, sein Stuhl wird beiseitegestellt.
3. Der Spielleiter nennt nun zwei Schmetterlingsarten, z. B. den Zitronenfalter und den Admiral. Die Kinder, die zu den genannten Schmetterlingen gehören, tauschen ihre Plätze.
4. Auch der Spielleiter versucht, einen Platz zu finden. Das Kind, das keinen Platz gefunden hat, wird zum neuen Spielleiter. Es nennt wiederum zwei Schmetterlingsarten und das Spiel beginnt von neuem.
5. Ruft der Spielleiter jedoch „Schmetterlingsdurcheinander", müssen alle Kinder ihre Plätze wechseln.

(Dazu können Karten mit vier unterschiedlichen Schmetterlingsarten erstellt werden, die jeweils an einen Wollfaden gebunden werden. Diese können sich die Kinder als Halskette umhängen.)

# Von der Raupe zum Schmetterling (ab 2 Jahren)

**Material:**
1 Langbank, 1 Sprossenwand, 1 Kriechtunnel, 10 Kegel, 2 Chiffontücher pro Kind, verschiedenfarbige Bälle (als Obst und Gemüse), Stoffbeutel mit langen Trägern, 1 Weichbodenmatte

**Vorbereitung:**
In der Halle werden die fünf Stationen aufgebaut und jeweils mit den Bällen ausgestattet: Für jedes Kind sollten insgesamt vier Bälle in vier verschiedenen Farben zur Verfügung stehen. Als erste Station dient eine Langbank (mit gelben Bällen am anderen Ende), in einigem Abstand wird als zweite Station ein Slalomparcours aus Kegeln (mit roten Bällen am Ende) aufgebaut. Als Nächstes folgt ein Kriechtunnel (mit grünen Bällen am Ende). Die vorletzte Station bildet eine Sprossenwand, an deren oberen Ende ein Korb mit blauen Bällen befestigt wird. Aus Sicherheitsgründen wird eine Weichbodenmatte vor die Sprossenwand gelegt. Als Letztes werden viele Chiffontücher für die Kinder am Boden ausgelegt.

**Dauer:** 20 – 25 Minuten

**Die Erzieherin liest folgende Geschichte vor:**

Es waren einmal viele kleine Raupen, die krabbelten durch die Welt, wie es ihnen gefiel.
*(Die Kinder krabbeln durch den Raum.)*
Da sie großen Hunger verspürten, machten sie sich auf den Weg, um Nahrung zu suchen. Auf ihrer Suche mussten sie eine lange Brücke überqueren.
*(Die Kinder krabbeln nacheinander über die Langbank.)*
Hinter der Brücke entdeckten sie leckere, gelbe Äpfel. Jede Raupe verspeiste einen gelben Apfel.
*(Die Kinder tun so, als ob sie einen Apfel (= gelber Ball) verspeisen und stecken ihn dann unter ihren Pulli, ihr T-Shirt o. Ä.)*
Aber ihr Hunger war noch lange nicht gestillt. Nun krabbelten sie über eine Blumenwiese voller schöner, farbenprächtiger Blumen. Sie mussten dabei um die Blumen herumkrabbeln.
*(Die Kinder krabbeln um die Kegel herum.)*
Was sahen sie denn da? Was für eine Freude!
Ein Tomatenbeet! Jede Raupe verspeiste eine leckere, saftig rote Tomate.
*(Die Kinder ahmen den Essvorgang nach, ein roter Ball wird unter den Pulli o. Ä. gesteckt.)*
Sie krabbelten weiter, denn ihre Mägen knurrten noch immer. Vor ihnen lag ein hohler Baumstamm, durch den sie hindurchkrabbelten.
*(Die Kinder krabbeln durch den Kriechtunnel.)*
Oh, was haben sie denn da entdeckt?
Herrlich frische, grüne Salatköpfe. Und sie begannen sofort, sie zu verspeisen.
*(Die Kinder imitieren den Essvorgang und stecken den grünen Ball unter ihren Pulli o. Ä.)*
Ein kleines bisschen Hunger verspürten sie jedoch immer noch. Was für ein Glück: Die allerkleinste Raupe entdeckte direkt über ihren Köpfen einen Pflaumenbaum. Sie beschlossen gemeinsam, dass einer nach dem anderen den Baum hochklettern, sich eine Pflaume nehmen und wieder hinunterklettern sollte.
*(Ein Kind nach dem anderen steigt die Sprossenwand hinauf, nimmt sich einen Ball und kommt wieder herunter. Hier ist evtl. Hilfestellung nötig! Der Ball wird unter den Pulli gesteckt.)*
Endlich waren sie satt! Sie legten sich auf die vielen bunten Blätter, die am Boden lagen, um zu schlafen. Da Herbst war, begannen sie nun ihren Winterschlaf. Nach langer, langer Zeit erwachten sie endlich. Und siehe da: Aus unseren kleinen, dicken Raupen waren wunderschöne Schmetterlinge geworden, die nun die Welt erkunden.
*(Die Kinder legen sich auf die vorbereiteten Chiffontücher, schlafen, holen dann ihre Bälle aus der Kleidung hervor und nehmen je ein Chiffontuch in die Hand. Sie fliegen dann mit ausgebreiteten Armen durch den Raum.)*

**Tipp:**
Die Turngeschichte kann mit Instrumentalmusik untermalt werden.

## Die Flattergymnastik (ab 2 Jahren)

Diese Mitmachgeschichte wird von der Erzieherin vorgetragen und die Kindergruppe ahmt die fett gedruckten Bewegungen der kleinen Schmetterlinge nach.

Die quirligen, kleinen Schmetterlinge können heute ***nicht still sitzen.*** Ständig ***flattern*** sie auf und ab. Obwohl die Lehrerin sie gebeten hat, ***sitzen*** zu bleiben, schaffen die kleinen Flattertiere es nicht und ***fliegen*** wild durcheinander.

„Bitte, liebe Schmetterlinge, ***setzt*** euch wieder hin", bittet die Lehrerin die Schmetterlingskinder.

„Frau Lehrerin, es tut uns leid, aber wir sind heute viel zu aufgeregt, um still zu sitzen. Wir ***fliegen*** hin und her, weil doch heute das Blumenfest ist", antwortet das kleinste Schmetterlingskind.

„Das weiß ich doch und genau deswegen müsst ihr noch ein bisschen ***sitzen bleiben,*** um neue Blumennamen zu lernen. So könnt ihr beim Blumenfest von Blume zu Blume ***fliegen*** und kennt ihre Namen", erklärt die Lehrerin. „Ich glaube, da hilft nur eins: die Flattergymnastik, damit ihr ein bisschen zur Ruhe kommt", sagt die Lehrerin, „aber danach lernen wir weiter."

„Oh, ja", schreien alle Schmetterlingskinder ***flatternd*** im Chor, „das versprechen wir!"

„Seid ihr bereit? Dann geht es los!", verkündet die Lehrerin.

Die kleinen Schmetterlinge ***spitzen die Ohren*** (= die Kinder legen ihre Hände an die Ohren), um jede Bewegung genau mitzumachen.

Zuerst ***steht ihr ganz ruhig da, schlagt ganz langsam mit euren Flügeln*** (= Armen) und ***setzt*** euch wieder hin.

Nun ***steht ihr sofort auf*** und ***schlagt ganz schnell mit euren Flügeln.***

Dann nochmal ***langsam*** und wieder ***schnell.***

Jetzt ***schlagt ihr nur mit einem Flügel und dann mit dem anderen.***

***Im Anschluss schlagt ihr mit beiden Flügeln*** gemeinsam.

Jetzt fliegt ihr erst ***nach oben und dann wieder nach unten*** (= die Kinder strecken sich und gehen in die Hocke).

Dann machen wir das Ganze noch einmal.

Bei der nächsten Übung, liebe Schmetterlingskinder, ***fliegt*** ihr erst nach ***links*** und dann nach ***rechts.***

Und weil es so schön ist, flattert ihr auch noch um eure ***eigene Achse.***

Zum Schluss ***setzt*** ihr euch wieder auf eure Plätze.

Sie schaffen es nun, ruhig ***sitzen*** zu bleiben und der Lehrerin zuzuhören. Die Schmetterlinge lernen ganz fleißig bis zum Ende der Schulstunde alle Blumennamen und als die Schulglocke ertönt, ***flattern*** sie ganz schnell zum Blumenfest.

## Ei, Raupe, Puppe, Schmetterling (ab 2 Jahren)

**Material:**
Handtrommel und evtl. 1 Schlägel

**Spielanleitung:**
1. Zu Beginn werden den Kindern die jeweiligen Begriffe und die dazugehörigen Bewegungen erklärt:
   **Ei** = in die Hocke gehen und sich ganz klein machen
   **Raupe** = sich auf den Boden legen und sich wie eine Raupe fortbewegen
   **Puppe** = stehen bleiben und Körper ausstrecken, als würde man an einem Blatt hängen.
   **Schmetterling** = mit ausgebreiteten Armen durch den Raum fliegen
   Die Bewegungen können zunächst in einer Proberunde geübt werden.
2. Die Kinder laufen zum Schlagen der Handtrommel kreuz und quer durch die Turnhalle. Der Spielleiter hört plötzlich auf zu trommeln und ruft einen der obenstehenden Begriffe in den Raum.
3. Die Kinder machen nun die passende Bewegung zu dem Begriff.
4. Wenn alle Kinder die richtige Bewegung ausgeübt haben, laufen alle wieder zum Trommelschlag durch die Turnhalle, bis der nächste Begriff vom Spielleiter gerufen wird.

**Variante:**
Kinder, die falsche Bewegungen machen oder als Letztes reagieren, scheiden aus.
Nach jeder Runde bleibt ein Kind übrig, das nun zum Spielleiter wird.

## Eine lange Raupe (ab 2 Jahren)

**Melodie:** „Ringlein, Ringlein, du musst wandern“ (Das Notenbild finden Sie auf S. 11.)

Raupe, Raupe, du musst wachsen,
lang und dick sollst du nun werden.
Kriech zum Blatt, kriech zum Blatt,
sieh nur her, wie gut das klappt.

Raupe, Raupe, du musst schlafen,
nun verpuppst du dich ganz rasch.
Schaut mal her, schaut mal her,
viele Falter fliegen hier.

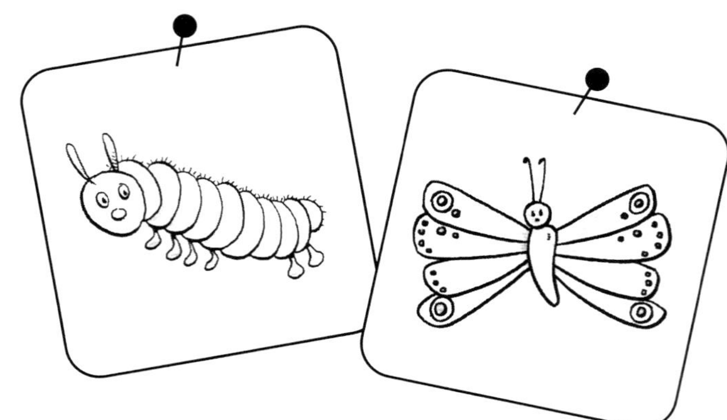

**Spielanleitung:**
Die Kinder sitzen im Stuhlkreis. Ein Kind spielt die Raupe und steht in der Mitte.
Gemeinsam wird die 1. Strophe gesungen. Das Kind geht dabei im Kreis umher.
Die Raupe bleibt vor einem Kind stehen und spreizt die Beine.
Das andere Kind krabbelt durch die Beine der Raupe und hängt sich hinten an.
Die 1. Strophe wird wiederholt und ein neues Kind ausgewählt, das durch die Beine der Kinder krabbelt, um sich hinten anzuhängen. Die Strophe wird so oft wiederholt, bis die Raupe richtig lang ist.
Nun wird die 2. Strophe gesungen. Die Kinder legen sich zum Verpuppen auf den Boden und machen sich ganz klein. Zum Schluss stehen die Kinder auf und alle Falter fliegen auf ihre Plätze.

# Schmetterling, ärgere dich nicht (ab 3 Jahren, für 2 bis 4 Spieler)

**Material:**

Spielplan (s. S. 48), weißer Fotokarton, Buntstifte in den Farben Gelb, Grün, Blau und Rot, pro Kind 3 Spielfiguren (z. B. Deko-Schmetterlinge) in Gelb, Grün, Blau und Rot, 1 Zahlenwürfel, ggf. 1 Laminiergerät und -folie

**Vorbereitung:**

Der Spielplan wird kopiert und die vier Flügelteile werden anschließend in den vier verschiedenen Farben der Spielfiguren ausgemalt. Pro Spielfigur werden somit 13 Ziehfelder in der gleichen Farbe ausgemalt, sowie die drei Start- und die drei Zielfelder. Das Feld in der Flügelmitte erhält jeweils die Farbe der zwei verschiedenen Figuren. Anschließend wird das Spielfeld auf einen Fotokarton in passender Größe geklebt.

Um den Spielplan haltbarer zu machen, kann er zusätzlich laminiert werden.

**Arbeitsanleitung:**

Zunächst stellt jeder Spieler seine drei Spielfiguren in die drei gleichfarbigen Kreise am Außenrand der Flügel. Jeder Spieler muss seine drei Figuren nun vom quadratischen Startfeld durch Würfeln in den jeweils gleichfarbigen Schmetterlingsflügel bringen, indem er zunächst den gesamten Schmetterling umrundet. Auf dem Weg ins Ziel müssen jedoch einige Hindernisse überwunden werden. Zieht das Kind auf ein Aktionsfeld, muss es die folgenden Anweisungen befolgen:

- weiße Blume = Es wird noch einmal gewürfelt.
- Spinnennetz = Man darf erst weiterspielen, wenn man eine „1" gewürfelt hat. Dafür hat jedes Kind in seiner Runde drei Versuche. Gelingt es ihm nicht, eine „1" zu würfeln, darf es in der vierten Runde weiterlaufen.
- Schmetterling = Auf diesen Feldern darf man drei Felder vorrücken.
- Biene = Das Kind geht drei Felder zurück.

Viel Spaß!

**Variante:**

Um das Spiel den Regeln des Spiels „Mensch ärgere dich nicht" anzupassen, kann z. B. festgelegt werden, dass die Kinder erst starten dürfen, wenn sie eine „6" gewürfelt haben, ihre Mitspieler rauswerfen können und bei einer „6" ein zweites Mal würfeln dürfen.

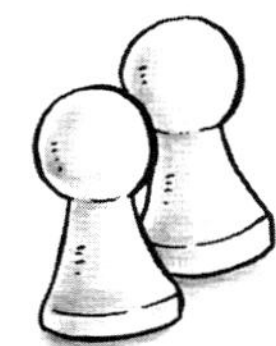

## Kopiervorlage „Spielplan“ (ab 3 Jahren, für 2 bis 4 Spieler)

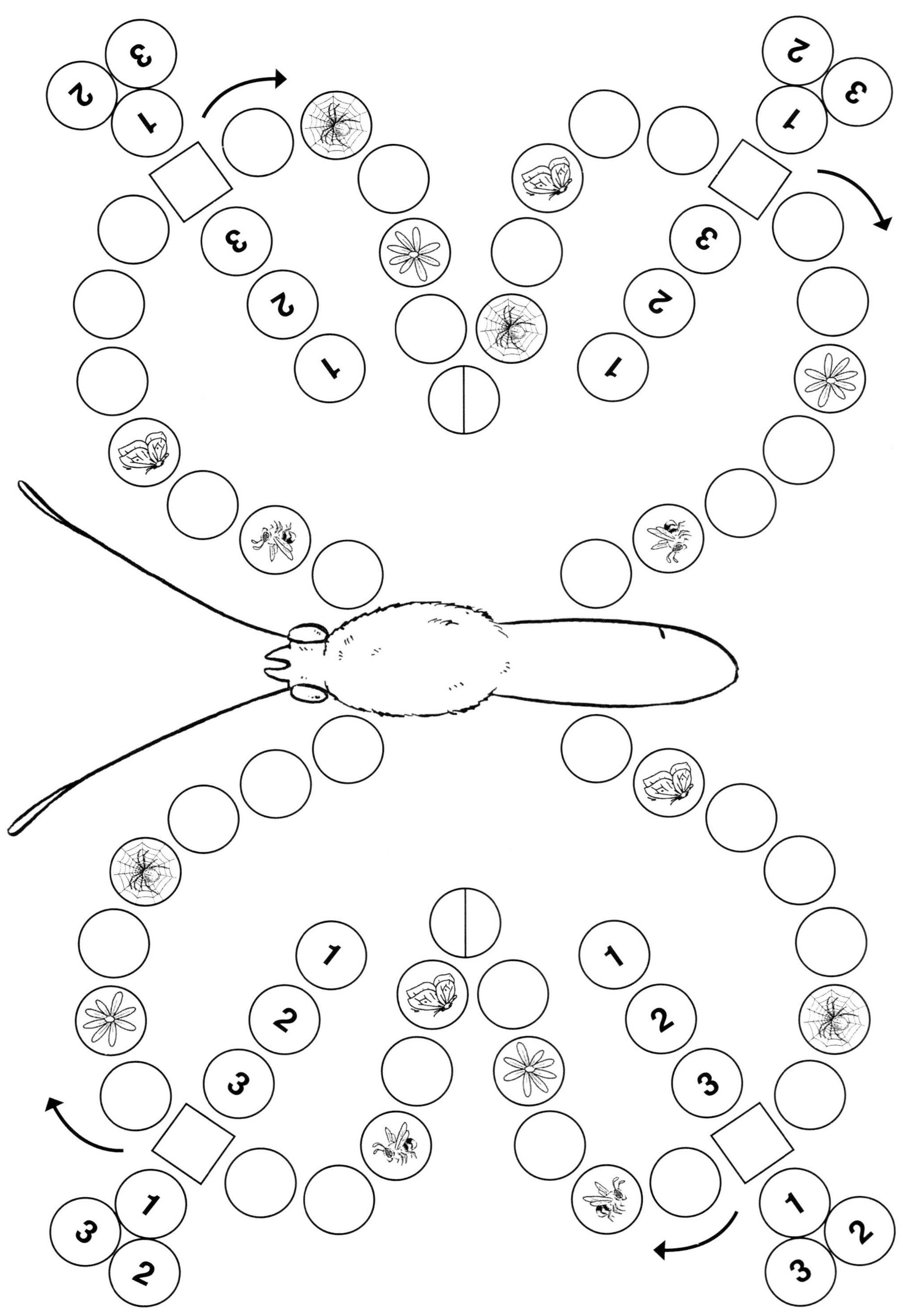